中高生のための
やさしい
スポーツ医学
ハンドブック

甲南大学教授 **曽我部 晋哉** 著

## はじめに

# この世から「報われない努力」

　ある日、小学6年生のサッカー選手の保護者の方から相談がありました。

「明日、全国大会の出場権をかけた大切な試合があるのに膝が痛くて走れないと泣いていて……。痛みを抑える方法はありますか？」

　保護者の方も泣きそうです。病院での診断は「オスグッド・シュラッター病」。特に身長が伸びているときに太ももの前の筋肉を強く収縮することで、膝のお皿の下が炎症を起こしてしまう状態のことです。試合前にクラブでの練習量が急増した上、お父さんと一緒に毎朝階段ダッシュをしたり、空き時間を見つけてはシュート練習をしたり熱心に努力していたそうです。しかし、この選手は残念ながら大切な試合には出場できませんでした。練習をここまで頑張れたのなら、なぜもう少し体のケアにも時間を割けなかったのか、少し残念に思ったのと同時に保護者と本人の気持ちを考えると胸が苦しくなりました。

　また、陸上選手の親子を対象とした講演会でのことです。

「うちの子がずっと腰が痛いと言っているのですが、トレーニングが原因でしょうか？」

　話を聞くと、ジャンプ力向上のためにウェイトを用いたスクワットをしているとのこと。病院では「腰椎分離症」と言われたそうです。確かにトレーニングの本にはジャンプ力向上にスクワットトレーニングが推奨されています。実際に使用しているウェイトの重さもそれほどではありませんでしたが、週に5回ほど普段の練習の後に、自主的にスクワットジャンプを取り入れていたそうです。

　問題なのは、トレーニングのタイミングと頻度です。練習後の疲労した体ではフォームも崩れがちになり、週に5回、1回につき10回5セットの

# というジレンマをなくすために！

　ノルマを自分に課して、明らかに中学生の体は悲鳴を上げていました。それでも、努力すれば必ず記録が伸びると信じて頑張ってきたそうです。まじめな選手にありがちですが、自主練で判断を誤って過剰に頑張りすぎるという事例です。

　このように、一生懸命になればなるほど、よかれと思ってやることが体に負荷をかけすぎ、取り返しのつかない状態になっていることがあるのです。一心不乱が仇となり、努力が報われずに悔し涙を流す子どもたちを見る度に私は辛くなります。将来有望という選手も、ケガという不意に訪れる大きな障壁に明るい未来を邪魔されます。

　スポーツ人生におけるこのジレンマは、どうしようもないことなのでしょうか。スポーツにケガはつきものだから仕方ないと諦めるしかないのでしょうか。いや、答えはNOです。正確に言えば、正しいスポーツ医学の知識さえあれば、誰もが限りなくNOに近づきます。この世から「報われない努力」というジレンマをなくすために私はこの本を書きました。正しい知識のもとで努力すれば、必ず報われる日がくるのです。

　ぜひ、部活動に入る前に読んでください。最低限知っておいてほしい基礎知識は前半に、これまでに質問や相談を受けてきた個別の内容は部位別として後半にまとめました。あなたのチームにまだ知らない人がいたら、ぜひ教えてあげてください。そして、みんなでスポーツ人生を謳歌してください。

　私は頑張る人が大好きです。これは、頑張る人を心から応援する本です。一日でも早く、一人でも多くの頑張り屋さんにこの本が届きますように。

曽我部晋哉

# CONTENTS

はじめに ……………………………………………………………………… 2

## CHAPTER I
# スポーツ医学の基本

**01** ケガは防ぐことができるの？
〜スポーツ外傷・障害の考え方〜 …………………………………… 8

**02** ケガの多い人と少ない人、何が違うの？
〜ケガの3要素〜 …………………………………………………… 10

**03** 中学生の体は大人と同じなの？
〜成長期の骨の特徴〜 ……………………………………………… 12

**04** 体が柔らかければケガをしないの？
〜筋柔軟性と関節弛緩性〜 ………………………………………… 14

**05** 睡眠不足はケガと関連するの？
〜ケガと睡眠〜 ……………………………………………………… 16

**06** スポーツ選手は風邪を引きやすいって本当？
〜運動と免疫〜 ……………………………………………………… 18

**07** 寒い中での運動はケガをしやすいの？
〜寒冷環境と運動〜 ………………………………………………… 20

**08** 運動前のストレッチはパフォーマンスを下げる？
〜スタティック・ストレッチ〜 …………………………………… 22

**09** 運動前に効果的なストレッチの方法ってあるの？
〜ダイナミック・ストレッチ〜 …………………………………… 24

**10** 2人で行う効果的なストレッチは？
〜PNFストレッチ〜 ………………………………………………… 26

**11** 筋肉痛は防げるの？
〜遅発性筋肉痛〜 …… 28

**12** 捻挫したときはどのように対応すればいいの？
〜RICE処置〜 …… 30

**13** 短期間で体重を落とすのは危険？
〜脱水〜 …… 32

**14** 熱中症にならないためには？
〜熱中症〜 …… 34

**15** 息をしすぎて体がしびれる症状って何？
〜過換気症候群〜 …… 36

**16** なぜ足がつるの？
〜筋けいれん〜 …… 38

**17** 肉離れはどれくらいで復帰できるの？
〜肉離れ〜 …… 40

**18** 女子選手が特に注意しなければならないことって？
〜女子のスポーツ医学〜 …… 43

**19** 試合中に筋肉が疲れないようにするには？
〜末梢性疲労〜 …… 48

**20** 試合本番に疲れがピークで大後悔。どう防ぐ？
〜オーバートレーニング症候群〜 …… 52

*インターバル・コラム*
やっぱり気になる『身長』のこと。 …… 54

# CHAPTER II
# 部位別のスポーツ医学

**01** 成長期特有のケガってあるの？
　　〜骨端症〜・・・・・・・・・・・・・・・・・・・・・・・・・・・・・56

**02** 頭を打ったときの正しい対処法は？
　　〜脳震盪〜・・・・・・・・・・・・・・・・・・・・・・・・・・・・・59

**03** 首のケガを予防する方法ってあるの？
　　〜頸部の外傷〜・・・・・・・・・・・・・・・・・・・・・・・・・・・62

**04** 肩のケガを予防する動きのトレーニングは？
　　〜肩のインナーマッスル〜・・・・・・・・・・・・・・・・・・・・・64

**05** 肩がはずれやすいポジションってあるの？
　　〜肩関節脱臼〜・・・・・・・・・・・・・・・・・・・・・・・・・・・66

**06** コンタクトスポーツ（ラグビーや柔道など）に多い肩のケガは何？
　　〜肩鎖関節損傷〜・・・・・・・・・・・・・・・・・・・・・・・・・69

**07** 肩の動きの悪さは腰痛の原因にもなる？
　　〜肩甲骨の動き〜・・・・・・・・・・・・・・・・・・・・・・・・・72

**08** 手をついたときに肘がグキッ！骨が折れた!?
　　〜肘内側側副靭帯損傷〜・・・・・・・・・・・・・・・・・・・・・76

**09** ボールを投げる動作をするときに肘の後ろが痛い！
　　〜肘関節後方障害〜・・・・・・・・・・・・・・・・・・・・・・・78

**10** 手首の痛みがなかなかとれない！
　　〜手関節の痛み〜・・・・・・・・・・・・・・・・・・・・・・・・・80

**11** 指先が伸びない！これって突き指？
　　〜突き指〜・・・・・・・・・・・・・・・・・・・・・・・・・・・・・83

**12** 手の親指を動かすと痛い…どのように固定すればいいの？
　　〜スキーヤーズ・サム〜・・・・・・・・・・・・・・・・・・・・・・86

**13** ケガをしていないのに腰がいつも痛いのはなぜ？
　　〜腰痛につながる姿勢と動き〜・・・・・・・・・・・・・・・・・・88

**14** 腰のヘルニアってどんなケガなの？
　　〜腰椎椎間板ヘルニア〜・・・・・・・・・・・・・・・・・・・・・92

# CONTENTS

**15** 成長期に注意しなければならない腰のケガは?
〜腰椎分離症〜 ········· 95

**16** なぜ、ひざはケガをしやすいの?
〜ひざの外傷〜 ········· 98

**17** 動作の中でひざが内側に入りやすいのは治せるの?
〜ダイナミック・アライメント矯正〜 ········· 100

**18** ひざの内側の靱帯損傷はどれくらいで治るの?
〜内側側副靱帯損傷〜 ········· 104

**19** 内側側副靱帯損傷のテーピングのやり方は?
〜内側側副靱帯損傷のテーピング〜 ········· 106

**20** 内側側副靱帯損傷から復帰のための方法は?
〜中等症の場合〜 ········· 108

**21** 女子バスケ選手に多い前十字靱帯損傷とは?
〜前十字靱帯損傷〜 ········· 113

**22** 前十字靱帯損傷の再発予防のテーピング方法は?
〜前十字靱帯損傷のテーピング〜 ········· 115

**23** 前十字靱帯損傷予防のトレーニング方法は?
〜前十字靱帯損傷予防トレーニング〜 ········· 118

**24** ひざが何かに引っかかって伸びない!
〜半月板損傷〜 ········· 122

**25** ひざの下の出っ張りが痛い!
〜オスグッド・シュラッター病〜 ········· 125

**26** すねの痛みはそのままにしていてもいいの?
〜シンスプリント〜 ········· 128

**27** 足首を固定する方法は?
〜足関節内反捻挫予防テーピング〜 ········· 131

参考文献 ········· 134
おわりに ········· 135

## I スポーツ医学の基本

# 01 ケガは防ぐことができるの？
～スポーツ外傷・障害の考え方～

　スポーツにケガはつきもので、ケガをするのは仕方がないことだと思っている人も少なくないのではないでしょうか。が、せっかく練習やトレーニングを頑張って強くなってきているのに、ケガをしてしまっては元も子もありません。

　そこで、本書では『ケガに負けないスポーツ医学』について解説していきます。みんなが安全に、また安心してスポーツ活動に取り組めるように、最低限の基礎的な知識を学んでもらえればと思います。

### ケガについて本気で考えよう！

　皆さんが普段使っているケガ（怪我）という言葉には、==1回の大きな力で生じる骨折のような「外傷」==と==繰り返される力によって起きる「障害」==が含まれます。外傷は、突然起きることが多いのですが、障害は慢性的に痛みが続くような状態です。どちらにしても、「強くなりたい！」と思っている人には、とにかくケガは避けたいものです。

　しかし、多くの人は、ケガをしてしまった後、ようやく自分ごととしてそれについて考えがちです。実際に「ケガをしないためにはどうすればいいのか」という前段階から真剣に考えている人は少ないのではないでしょうか。ケガする前と後のことを別々に考えるのではなく、==「どうすればケガを予防できるのか、もしケガをした場合どうすれば早く復帰できるのか」を一緒に考える必要があります。==

### 無駄なケガはしない！ケガは早く治す！

　ケガの予防法や対処法、さらには復帰方法についての基礎知識があると、わざわざしなくてもよい無駄なケガを減らすことができます。また、たとえケガをしたとしても早く、正しく対応することで、結果として早く競技に復帰することができるようになるのです。そのためには、==体を強くするための"トレーニング科学"が必要なのと同様に、ケガに強くなるための"スポーツ医学"の知識が欠かせません。==

　コンタクトスポーツ（ラグビーなど）や格闘技（柔道など）のように競技自体がケガと隣り合わせにあるものもあります。==ケガを予防しながら体を強くする！そのことが勝利に導くための秘訣==です。これからは「==無駄なケガをしない==」ことを合言葉に勉強していきましょう。

# これで納得！図解で学ぶ基本の

## Q1 どんなスポーツにケガが多いの？

| | | |
|---|---|---|
| 1位 | アメリカンフットボール | 6.6% |
| 2位 | ドッジボール | 6.1% |
| 3位 | ラグビー | 5.1% |
| 4位 | ホッケー | 3.9% |
| 5位 | 柔道 | 3.8% |
| 6位 | バスケットボール | 3.5% |
| 7位 | テニス | 3.3% |
| 8位 | サッカー | 3.1% |
| 9位 | 硬式野球 | 3.0% |
| 10位 | 自転車競技 | 2.8% |

（令和3年度 スポーツ安全協会：傷害発生率）

コンタクトスポーツが上位に。ケガをしやすいスポーツだからこそ、強くなるためには、ケガをしないことが大事なのです！

アメリカンフットボールやラグビーは、相手と直接ぶつかるコンタクトスポーツと呼ばれます。そのため、競技種目そのものがケガをしやすいスポーツに分類されます。自分自身が事前予防に心がけるだけではなく、相手を思いやり「ケガさせない」という考え方が基本になります。

## Q2 そもそもケガとは？

一般的に練習などで負傷することを皆さんはケガ（怪我）と呼んでいますが、正確には外傷・障害のことを指し、二つ合わせて「傷害」や「スポーツ損傷」と呼びます。

**外傷**（がいしょう）
・骨折 ・肉離れ
・捻挫　など

手を地面についたりして一度に大きな力が加わったようなケガ

無理な姿勢を繰り返し小さな力が何度も加わるようなケガ

**障害**（しょうがい）
・疲労骨折
・腰椎分離症
　　　　など

## Q3 ケガをしないようにする考え方はあるの？

多くの人はケガをした後のことを考えますが、本当は、ケガをしないように事前の「予防」や「コンディショニング」などをよく理解し真剣に取り組むことが大事!!

- **予防** ケガを予防するには？
- **コンディショニング** いつもベストな状態にするには？
- BEFORE **ケガ** AFTER
- **再発予防** 同じケガをしないためには？
- **復帰** 早く復帰するには？
- **リハビリテーション** ケガの部位を強くするには？
- **対処法** ケガをしたときどうすればいい？

# I スポーツ医学の基本

## 02 ケガの多い人と少ない人、何が違うの？
### ～ケガ3要素～

　少し周りを見渡してみると、同じ競技をしているのに、いつもケガを繰り返している人と、大きなケガなく元気に頑張っている人がいます。この違いは一体どこにあるのでしょうか。もし、ケガをした経験があれば、その時の状況を思い出してみてください。よく考えてみると「カーとなって頭に血が上って、強引にシュートにいったら、捻挫してしまった」といったことがあるかもしれません。

　そこで、第2節ではケガの要因を徹底分析してケガを予防するための考え方を解説します。

### 1. 外的要因

**外的要因とは、トレーニングや練習を行うときに、自分をとりまくすべての環境を指します。** 例えば、体育館の床が濡れているような状態は、ケガの外的要因といえます。

### 2. 内的要因

**内的要因とは、自分自身の体や心の問題を指します。** 例えば、あまりにも筋力が低かったり、またやる気が起きないといった状態などを指します。

### 3. 行動的要因

**行動的要因とは、自分や周りの行動に関する問題を指します。** 例えば、試合中の相手のルール違反や、体が疲れているにもかかわらず休みなく練習を続けるようなスケジュール管理は、ケガの行動的要因となります。

　上記のケガに関わる外的要因、内的要因、行動的要因がいくつも重なると、当然ケガをしやすくなりますし、逆に一つずつ取り除いていくとその危険性が低くなります。今、あなたがどのような状況にあるか、次ページに紹介する「チェックリスト」で確認して、まずケガと自分との関係を見つめ直してみましょう。

ケガの要因が重なれば重なるほど
ケガの危険性が高くなる!!

## これで納得！図解で学ぶ基本の き

## Q1 ケガをしにくい人としやすい人の違いは？

**「今日の練習も頑張るぞ！」ポジティブ思考**

- 睡眠もたっぷり！
- 体育館の温度快適！
- 練習後のストレッチも欠かさない！
- 栄養も十分！
- 体力もバッチリ強化！
- 練習前のウォーミングアップも集中！
- 実践練習中もいつも冷静。

**ケガをしにくい人**

ケガにつながる可能性のある要因を取り除いていけば、当然ケガをする可能性は低くなるのだ。

**「あー練習やだなー」ネガティブ思考**

- 朝ごはん抜き
- 体育館暑すぎ…
- 体、かたい。。
- 寝不足だ
- シューズの踵がかなり削れている
- 練習前のウォーミングアップをだらだら
- 実践練習中、よくカッとなる。
- X脚

**ケガをしやすい人**

ケガにつながるいろんな要因が重なっていくと、残念ながらケガをする可能性がどんどん高まってしまう。

## Q2 ケガのリスクはチェックできるの？

| | 外的要因 | | 内的要因 | | 行動的要因 |
|---|---|---|---|---|---|
| 1 | シューズなどが破れていてもそのまま | 1 | 競技経験が浅い | 1 | 強引なプレーをすることがある |
| 2 | 体育館が、夏は暑すぎて、冬は寒すぎる | 2 | ひざがX脚やO脚だ | 2 | 1週間のうちにゆっくり休める日がない |
| 3 | 床に段差や破れがある | 3 | 練習中によくキレる | 3 | トレーニング計画を立てていない |
| 4 | 練習場はいつも整備されていない | 4 | 体が硬い | 4 | わざとラフプレーをする人が練習仲間にいる |
| 5 | 指導者にスポーツ医学的知識がない | 5 | ケガをしやすい姿勢や動きについて知らない | 5 | 競技に対して明確な目標がない |
| 6 | 自分は体が小さいのに練習相手は体が大きい人ばかりだ | 6 | よく先生に怒られる方だ | 6 | 筋力トレーニングをあまりやらない |
| 7 | 狭い練習場で一度に多くの人数で練習をしている | 7 | 他の人と比べて筋肉が少ない | 7 | ウォーミングアップは手を抜いてやる方だ |
| 8 | 練習中、床が滑る | 8 | 練習があまり好きではない | 8 | 練習後のストレッチはやらない |
| 9 | 練習場の壁に画びょうでポスターが張られている | 9 | 練習の後半に集中力がきれがちだ | 9 | 睡眠時間や食事にあまり気をつかわない |
| 10 | 壁に柱などの凹凸があるが、何も覆われていない | 10 | 人よりもバテやすい | 10 | 熱中症対策について考えたことがない |

**3個以上当てはまる**

練習を始める前に、しっかりと練習環境を整えるようにしましょう。周りがやらなくても自分で進んで危険な要因を取り除こう。

ケガの要因が自分自身にある可能性があります。自分自身の体だけでなく心にも問題がないかチェックして対策を考えよう！

ケガを予防する行動ができていない可能性があります。まずは、しっかりとケガを予防するための知識を勉強し行動することが大事です。

## I スポーツ医学の基本

## 03 中学生の体は大人と同じなの？
~成長期の骨の特徴~

　中・高生は、ヒトの一生のうちで体が最も成長する最後の時期になります。少しずつ大人の体へと完成していく段階で、体のあちこちが痛くなったり、また中学校から高校に入学するときに、急に競技レベルが上がることで、思わぬケガを招くことがあります。

　この時期のケガは、骨の成長や将来の競技力向上を妨げる可能性があるので、できるだけ予防したいものです。

### 中学生になると急に体が硬くなる!?

　**成長期は、大人の体になる最終段階、つまり仕上げの段階です。骨がどんどん伸びていくのですが、筋肉の長さはそのスピードに追いつかず、まるでゴムが伸ばされているような状態になってしまいます。**そのため、小学生までは体が柔らかかったのに、急に体が硬くなることがあります。今までは簡単にできた立位体前屈が、成長にともない手が床につかなくなることは珍しくありません。

### 成長期の体は大人と同じではない！

　成長期の骨は、大人と同じ骨ではありません。レントゲンで撮影すると骨がつながっていないように見えます。これは骨端線（こったんせん）と呼ばれ、この部分が成長することで骨が伸びていきます。この時期に強度の高い運動を繰り返すと、骨に筋肉が付着しているところが痛んだり、また強くねじるような力が骨に加わることで、骨そのものが損傷することがあります。

　ヒトの生涯には2回骨が急激に伸びるときがあります。それは、生まれた直後と小学校高学年から中学生の時期になります。**1年で最も身長が伸びる年齢をPHV年齢（PHV：Peak Height Velocity）といいますが、その時期に踵の痛み（踵骨骨端症：しょうこつこったんしょう）、肘の痛み（離断性骨軟骨炎：りだんせいこつなんこつえん）、ひざのお皿の下の痛み（オスグッド・シュラッター病）などがよく見られます。**小学校高学年や中学校から高校入学時など、急激に練習強度が高くなった**13~16歳頃に症状を訴えることが多い**ようです。

　成長期には、自分自身の体のことをよく考え、練習後やお風呂上りにしっかりとストレッチをし、筋肉の柔軟性を高めることが重要です。

# 図解で学ぶ基本の き

## Q1 大人と成長期の子どもの骨は何が違うの？

成長期の子どもの
ヒザの骨をのぞいてみると…

**なんと!**

レントゲン写真で見ると骨がつながっていない!!

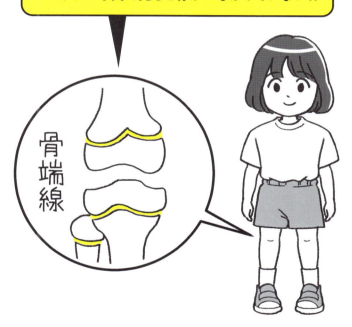

成長期の子どもの骨は、レントゲンで見ると骨がつながっていないように見えます。これは「骨端線」と呼ばれ、骨が成長するための軟骨。大人になると、この軟骨が完全な骨となり、成長も止まります。しかし、成長期に大人と同じ強度の運動を繰り返すと、この部分に損傷を起こすことがあり、特に13〜16歳の選手に多く見られます。

# スポーツ医学の基本 04

# 体が柔らかければ
# ケガをしないの?
## ～筋柔軟性と関節弛緩性～

ケガの予防のために、体の柔軟性を高めておくことは言うまでもありません。ただし、**体の柔らかさには筋肉の柔らかさと、靱帯のゆるさの2つの要素が含まれることを理解しておく必要があります。**

では、筋肉の柔軟性と靱帯のゆるさの特徴を分けて調べることはできるのでしょうか? 自分の体の特徴を理解して対策を考えることで、ケガを未然に防ぐことができます。

### 筋肉の柔らかさと靱帯のゆるみは違う!

**筋肉は、関節の曲げ伸ばしを行う大事な役割があるのですが、一方で柔軟性が乏しいと、関節がしっかりと伸びたり曲がったりしてくれません。** その結果、骨に筋肉が付着している部分に負担がかかることで、そこに痛みが出ることもあります。また、筋肉の柔軟性が乏しいことで、背骨や骨盤を引っ張り姿勢が悪くなることもあります。それが原因で腰痛などを引き起こすこともあるのです。そのため筋肉の柔軟性は高めておく方がよいでしょう。

一方で、**骨と骨とがずれないように固定している靱帯という組織があります。この靱帯がゆるいと、今度は大きな力が加わったときに、骨がずれて靱帯を痛めたり、切れたりすることがあります。** そのため、もし生まれながらに靱帯がゆるい性質の人は、スポーツの特性にもよりますが靱帯に負担をかけない動きを身に付けないと、靱帯損傷などのケガにつながることがあります。また、女子は男子よりも靱帯がゆるい傾向があるため、特に注意しましょう。

**筋肉**
関節を動かす役割

筋肉が柔らかい
関節がしっかり伸びる!

筋肉が硬い
関節が本来伸ばせるところまで伸びない!

**靱帯**
骨と骨とをつなぎ固定する役割

靱帯でしっかり固定されている
動かしても関節が安定する!

靱帯がゆるい
強い力が加わると関節がずれる!

# これで納得！図解で学ぶ基本の

## Q1 筋肉の柔らかさはチェックできるの？

以下の4項目をチェックしてみよう！

**①ハムストリング**
（太ももの裏の筋肉）
仰向けの状態からひざを曲げないで脚が90°以上上がるかどうか？

> 90°以上上がらないとハムストリングが硬い

**②大腿部前面**
うつ伏せの状態でひざを曲げたとき踵がお尻にくっつくかどうか？

> かかととお尻の間が、指2本ぐらいすき間があると、大腿部前面の筋肉が硬い

**③腰背部とハムストリング**
立った状態から手のひらが床につくかどうか？

> 床に手がつかないと背中、ハムストリングが硬い

**④腸腰筋**
仰向けの状態で片脚をかかえたとき反対側のひざが床から浮かないかどうか？

> 写真の〇の部分のすきまが5cm以上ある場合は腸腰筋が硬い

> ①、③が硬いと骨盤が後ろに傾きヘルニアなどの可能性があり、②、④が硬いと骨盤が前に傾き、脊椎分離症などの可能性があります。

## Q2 靭帯のゆるさって簡単に調べられるの？

4項目以上できた人は、生まれながらに靭帯がゆるい可能性があります。
靭帯に負担をかけない動きを身に付けることが重要です！

**①手首**

親指が手首につくか？

**②肩**

肩越しに手を握れるか？

**③ひざ**

ひざをおさえたまま、踵が床から浮くか？

**④肘**
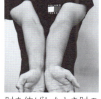
肘を伸ばしたとき肘の内側がつくか？

**⑤背中**

ひざを伸ばしたまま床に手のひらがつくか？

**⑥股関節**
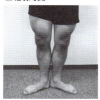
ひざとかかとをつけた状態で足が180°以上開くか？

**⑦足首**

手を後ろに組み、かかとを床につけた状態でしっかり座れるか？

# スポーツ医学の基本 05

# 睡眠不足はケガと関連するの？
~ケガと睡眠~

トレーニングの効果を上げるためには、運動・栄養・休息の3つがそろわなければなりません。さまざまな疲労回復法がある中で、もっとも効果的で重要なものが睡眠です。近年、この睡眠の状態とケガに大きな関係があるということが分かってきました。

## よく眠るだけで強くなり、さらにケガも予防

よく眠れた日の朝は、心も体もスッキリし、1日中調子が良いことは、誰もが経験していると思います。ところが、勉強や部活など、日々の多忙なスケジュールの中で、削られがちなのが睡眠時間です。しかし、睡眠は昼間に勉強した知識や、練習した技術を脳に記憶させるという重要な働きがあります。なによりケガを予防し、パフォーマンスを向上させてくれることも分かってきました。

これほどまでに、人間の能力を向上させ、疲労を回復させる方法は、睡眠以外にありません。寝不足の場合は、どうしても1日のうちどこかで眠気が襲い、睡眠時間を補おうとします。その場合は、無理をせず短めの仮眠をとるなどして、寝不足を解消しましょう！

## 寝ている間、何が起きてるの！？
―睡眠の大事な5つの役割―

**Mission 1 体と脳を休める**
起きている間は、体と脳が興奮状態にあります。睡眠で体と脳を休めましょう。
・ノンレム睡眠：脳の休息
・レム睡眠：体の休息

**Mission 2 記憶を定着させる**
浅い眠りのノンレム睡眠時に、昼間に覚えた知識や技術を脳に覚え込ませます。

**Mission 3 ホルモンバランスを整える**
睡眠時に、疲労回復や骨・筋肉を成長させる成長ホルモンが分泌されます。

**Mission 4 免疫力を上げる**
睡眠時に、適切なホルモンの分泌によって免疫力を高め、風邪などを引きにくくします。

**Mission 5 脳の老廃物を取り除く**
起きているときに溜まった脳の老廃物を睡眠中に除去し脳の活動を適切に保ちます。

# これで納得！図解で学ぶ基本の

## Q1 睡眠不足だとケガをしやすいって本当!?

中学生を対象に睡眠時間とケガの関係を調べた結果…

過去21ヵ月の間の

| 睡眠時間 | ケガの有無 |
|---|---|
| 8時間未満 ➡ | 65%がケガ |
| 8時間以上 ➡ | 31%がケガ |

睡眠8時間未満では、8時間以上の人より統計の結果 **1.7倍** ケガのリスクが高い

睡眠不足は、トレーニングメニュー、練習時間、コーチングの方法、性別、筋トレなど、さまざまな要因の中で一番ケガと関係が高いことが報告されています。

## Q2 睡眠はパフォーマンスにどのような影響があるの？

**睡眠不足**
- 理解力／判断力
- 反応時間
- 瞬発力
- 筋力
- 持久力

➡ 低下

**睡眠十分**
- 運動学習のスピードが20%上昇
- 運動動作の正確性39%上昇
- バスケットボール選手では フリースロー成功率9%上昇
- サッカー選手では ゴールの正確性20%上昇

運動選手は、一般の人よりも運動量が多いため、通常よりも多く睡眠をとる必要があります。寝るだけで強くなれるなら利用しない手はありません！

## Q3 どうすればよい睡眠がとれるの？

**1．光の刺激に注意を払う**
- 起きてから2〜3時間以内に外の光を浴び、昼間にも光を浴びること
- 寝る前にスマートフォンなどの青白い光を見ない

**2．適度な睡眠時間を心掛ける**
- 成長期は8時間以上の睡眠時間をとること（成人では7時間半程度）
- 15〜30分程度の仮眠は疲労回復に効果的！

**3．朝食にトリプトファン（必須アミノ酸）を摂取する。**
- 眠りに必要なホルモンの材料となる大豆製品、バナナ、乳製品など

**4．快適な睡眠環境をつくる**
- 寝室を暗くし、室内温度は夏場はエアコンを利用し28度以下に、冬場は18度以上にする

**5．寝る前にやってはいけないこと**
- 寝る前の夜食をとらない
- 寝る直前に体温を上げる入浴や運動をしない

## スポーツ医学の基本 06

# スポーツ選手は風邪を引きやすいって本当?
～運動と免疫～

　スポーツ選手にとって大切なことは、試合で最高のパフォーマンスを発揮することです。しかし、ケガもさることながら、試合当日に体調を崩してしまうと、これまで努力してきた本来の力を出し切ることができません。そうならないように、試合前には風邪など引かないようにすることが大事です。

### 免疫って何?

　免疫(めんえき)とは、病気の原因となる、菌やウィルスなどが体内に侵入したときに、それに抵抗して病気が発症しないようにする体の反応です。**病気などから身を守る力を免疫力といい、免疫力が高ければ高いほど病気になりにくく、コンディションを良い状態に保つことができます。**

　スポーツ選手にとって、この免疫力を高めながら競技力を高めることは重要な課題です。しっかりトレーニングや練習で追い込んだら、栄養と休息にも注意を払い、免疫力を高め病気にかかりにくい体を維持することが大切です。

　運動強度と病気へのかかりやすさの関係をグラフに示しました。風邪などが流行する季節には、体の免疫だけに頼らずに、体内に病原菌やウイルスが入らないよう、手洗いやうがいなどの対策を心がけましょう。

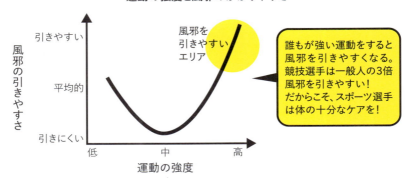

**運動強度が強くなると風邪を引きやすい!?**
―運動の強度と風邪のかかりやすさ―

運動しないよりも中程度の運動をすると風邪を引きにくくなり、強すぎる運動は逆に風邪を引きやすくなります。

# これで納得！図解で学ぶ基本の き

## Q1 なぜ、スポーツ選手は風邪を引きやすいの？

激しい運動をすると
↓
免疫細胞の機能が低下
↓
風邪を引きやすくなる

 ウイルス 免疫機能が低下しているとウイルスや病原菌と闘えない！  病原菌

ガン細胞やウイルスを撃退する！
**ナチュラル・キラー細胞の数・機能低下**

体に悪いものかを判断し撃退する！
**T細胞の機能低下**

粘膜を守る！
**sIgA濃度低下**

実際、マラソン、トライアスロンなどの強度の高い持久性の運動後、2週間以内に50〜70%の人が風邪の症状を引き起こしています。また、過度な減量も免疫力を下げるので注意！

## Q2 皮膚感染症のかかりやすさも免疫力と関係するの？

**代表的な皮膚感染症**
- トンズランス感染症（いわゆるたむし）
- ヘルペス・ウイルスによる皮疹（ひしん）
- パピローマウイルスによる手足のいぼ

トンズランス感染症
写真提供：順天堂大学 廣瀬伸良教授

これらの皮膚感染症への感染のしやすさも免疫細胞（T細胞など）の機能低下が疑われる。

皮膚の感染症の場合、予防も大事です。柔道やレスリングなど相手と接触する競技をしている人は、道衣やウェアを1回の練習ごとに洗濯する、練習場所を掃除する、タオルを共有しない、シャワーを浴びるなどの対策をとりましょう。

## Q3 感染症を予防するにはどうすればいいの？

スポーツにおける感染症を予防するには、以下の3つが大事。

### 栄養 ＋ 休息 ＋ 予防

- **炭水化物、タンパク質、脂質をバランスよく摂取**
  特にスポーツ選手は炭水化物摂取が不足しがち
- **ビタミン類を摂取**
  特にビタミンA、C、E、例えばトマトにはA、C、Eが含まれる

- **しっかり睡眠をとる**
  成長期で8時間以上
- **入浴で体を温める**
  ヒートショックプロテインで細胞を修復
- **休息日には軽い有酸素運動（ウォーキングなど）をする**
  血流の促進

- **手洗い・うがい**
  ウイルスなどの除去
- **マスクの装着**
  ウイルスや空気の乾燥から守る
- **予防接種を活用する**
  大事な試合がインフルエンザ等が流行しそうな時期にある場合には、予防接種で事前の予防を

# スポーツ医学の基本 07

# 寒い中での運動はケガをしやすいの?
～寒冷環境と運動～

　夏の暑さについては、熱中症によって命を落とす危険性もあることから、近年では安全対策がとられてきています。一方、寒さについての身体の変化については、あまり取り上げられることが少なく、効果的な寒冷対策が取られていないケースもあります。

　冬の屋外種目や、屋内種目であっても暖房設備の整っていない施設での活動は、選手にとっては体への負担のみならず精神的にも過酷な時期なので注意が必要です。

## 寒いと体はどんな反応をするの?

　ヒトの深部体温は、暑い日でも寒い日でも一定の温度（約37度）になるように調節されています。このことをホメオスタシス（恒常性）といいますが、このメカニズムが壊れてしまい、体温が維持できないと命を落とすこともあります。そうならないよう、私たちの体は暑熱や寒冷環境にも耐えられるような体温調節機能が組み込まれているのです。

　特に、ヒトの体は熱を下げることよりも上げる作用に優れており、寒冷環境では「熱を逃がさない」「熱を作り出す」という反応によって、体温を一定にするようにしています。しかし、寒冷環境では筋肉そのものへの血流が悪くなり、柔軟性が低下するとともに、神経の伝達速度も遅くなりスムーズな動きが難しくなってきます。そのため、肉離れや靱帯損傷など、快適な温度のときの活動に比べてケガの危険性が高くなることが考えられるのです。

　気温が低い場合には、十分なウォーミングアップを行うとともに、練習の途中で体温が下がらないよう運動が継続できるようなプログラムを立てる必要があります。

## 寒いところでは熱を逃さず、熱をつくり出す!
―熱放散の抑制と熱産生の亢進―

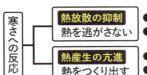

寒さへの反応
- **熱放散の抑制** 熱を逃がさない
  - 体から熱を逃がさないようにする
  - 尿が多くなる
- **熱産生の亢進** 熱をつくり出す
  - ふるえて熱をつくる
  - 内臓が熱をつくり出す

> 寒さ対策の一つとして、体そのものが寒さから守る反応がありますが、自分の行動によって寒さの対策を行うことも重要です。

# これで納得！ 図解で学ぶ基本の

## Q1 寒い場所だと、動きが鈍くなるの？

―― 寒い場所では ――

- 筋力低下
- 皮膚温低下
- 反応速度低下
- 筋温低下
- 記憶力低下
- 筋収縮速度低下
- 酸素摂取量低下
- 柔軟性低下
- 集中力低下
- 意欲低下

寒い場所では、身体能力だけではなく集中力や記憶力なども低下するので注意！
体の体温を維持するため基礎代謝（生きるために使われるエネルギー）は上がります。

## Q2 寒いところでのウォーミングアップの方法は？

ジョギングなど **低い強度**から始める ➡ 15〜30分程度

中程度の強度の運動を**長めに**行う ➡ 15〜30分

**Point**
ウォーミングアップ後は、体を冷やさないように体を保温し、体温が奪われやすい手首、足首、首回り（頸動脈）も保温する

体の深部の温度を上げ、ウォーミングアップ後も効果を持続させるためにも、強度の低い運動から時間をかけてじっくりと行いましょう。

## Q3 寒いところでは何に注意すればいいの？

### 1. 糖質を摂取しよう
寒い環境では、通常の環境よりも糖質が使われます。運動中も糖質の含まれる水分を摂取しよう。

### 2. 水分摂取を忘れずに
寒い場所では、発汗と共に尿の増量により脱水しがち。冬でもしっかりと水分補給を心掛けよう。

### 3. 綿の下着は避けよう
ランニング・トレーニングのときに綿の下着の着用は汗を蒸発させないので、汗を蒸発させる速乾素材のシャツを着用しよう。

### 4. 喘息などに注意しよう
温かいところから急に冷たい環境に移動すると気管が収縮し喘息などが起こることがある。外への移動時にはマスクを着用するなどの対策をとろう。

# スポーツ医学の基本 08

# 運動前のストレッチはパフォーマンスを下げる？
～スタティック・ストレッチ～

　筋肉の柔軟性を高める方法として、ストレッチがあります。しかし、ひとことでストレッチと言っても、体を動かさないで静かに筋肉を伸ばす「スタティック・ストレッチ」、体を動かしながら行う「ダイナミック・ストレッチ」、そして神経のメカニズムを利用して柔軟性を高める「PNFストレッチ」などがあります。それぞれのストレッチから得られる効果は異なるので、目的に応じて実施することが大切です。

　そこで、本節ではスタティック・ストレッチ、次節「09」ではダイナミック・ストレッチ、そして「10」ではPNFストレッチについて、それぞれの方法と効果を説明したいと思います。

## ケガの予防には柔軟性が必要！

　筋肉の柔軟性が乏しいと、関節の可動域（関節が動く範囲）が小さくなることが考えられます。そのため、競技中に大きな可動域が必要となったときに、無理やり筋肉が引っ張られると、その筋肉に負担がかかり損傷するかもしれません。また、筋肉が硬いことで、体に負担のかかる動きをしなければならなくなり、腰などが痛くなることもあるでしょう。そのため、**過剰な柔軟性は必要ないと思いますが、少なくとも自分が行っている競技種目において、ケガを引き起こさない程度の柔軟性は必要です。**

　近年、練習前に静止した状態で実施するスタティック・ストレッチを実施すると、パフォーマンスが低下するという理由で、練習前に行わない部活やクラブもあるのではないでしょうか。結論から言いますと、筋力やパフォーマンスを発揮しなければならない状況の直前（3分前ぐらい）に、一つの筋肉に対して30秒以上伸ばさなければ、パフォーマンスが下がることはありません。ですので、練習前にこれから使う筋肉を意識するための軽めのスタティック・ストレッチを実施することは、特に問題視することはないでしょう。

### スタティック・ストレッチ

スタティック・ストレッチは、反動を用いずに特定の筋肉を時間をかけて伸ばしていくストレッチのこと。

例：ハムストリングのスタティック・ストレッチ
①目的とする筋肉（ハムストリング）が伸びる姿勢をとる。
②筋肉が伸びていることを感じるところまでしっかりと伸ばす（やや痛みを感じるところ）。
③ストレッチ中は呼吸を止めない。
④目的に応じて10～45秒ぐらい持続する。

# これで納得！図解で学ぶ基本の

## Q1 運動前のストレッチはよくないの？

30秒以上のスタティック・ストレッチ実施直後では、筋力、ジャンプ力などが低下することが分かっています。もし、試合直前に30秒以上のスタティック・ストレッチを実施するような状況なら、パフォーマンスは低下する可能性があります。

**【運動直前のスタティック・ストレッチによって】**

| 筋力 | ジャンプ力 | ランニング能力 |
|---|---|---|
| 低下 | 低下 | 影響なし |

これらの報告では、ストレッチの時間が90秒以上実施する方法で行われています。またその運動の熟練者ほどストレッチによる影響を受けないことが報告されています。

## Q2 運動前のスタティック・ストレッチの適切な時間は？

運動前のスタティック・ストレッチは、必ずしもパフォーマンスを下げるわけではなく、ストレッチの時間と強度によって影響ないことが報告されています。

**【スタティック・ストレッチの時間】**

| 30秒未満 | 30〜45秒 | 46〜60秒 | 61秒以上 |
|---|---|---|---|
| パフォーマンスに影響なし | | パフォーマンスが低下 | |

特に60秒以上で、痛みが強いストレッチを行うとパフォーマンスが低下します。運動前のストレッチは30秒以内で実施すると、むしろ肉離れの予防効果が期待できます。

## Q3 柔軟性を獲得するために、最もよい方法は？

スタティック・ストレッチの最も大きなメリットは、長期的に柔軟性を改善できる点です。この利点を最大限に引き出すには、入浴後のストレッチが最も効果的です！

| 入浴後に実施 | 1回につき30秒を3セット実施 | 週3回実施 |
|---|---|---|
| 筋温が高まると筋線維が伸びやすく、痛みも鈍くなる。 | 4セット以上実施しても効果が変わらないことが報告されている。 | 毎日実施しても効果は変わらないことが報告されている。 |

柔軟性の獲得は、数週間で効果は見られますが、約1ヵ月で大きな変化が見られます。また、定期的なストレッチをやめたとしても1ヵ月程度は効果が持続します。

---

### スタティック・ストレッチのメリット・デメリット

**メリット**
- 硬い筋肉を意識して伸ばすことができる。●筋肉の柔軟性を獲得できる。
- 筋肉の柔軟性のバランスを整えることでゆがみなどを改善できる。
- 肉離れや筋の損傷を予防できる。●自分自身でコントロールできるので、安全に実施できる。

**デメリット**
- 止まった状態で筋肉を伸ばすので、動きの中での柔軟性ではない。
- ストレッチによって筋温が上がらないのでウォーミングアップの効果は少ない。
- 運動前に1種目につき45秒以上実施すると、実施直後に筋柔軟性が高まり、一時的に筋力などのパフォーマンスが低下する。

# スポーツ医学の基本 09

## 運動前に効果的なストレッチの方法ってあるの？
～ダイナミック・ストレッチ～

最近の研究では、運動前にダイナミック・ストレッチを実施すると、パフォーマンスが向上するという論文が多く出されています。したがって運動前のウォーミングアップの一つとして導入している学校やクラブも少なくないようです。ただし、ケガの予防に効果があるという報告はありませんので、他のストレッチとも組み合わせてパフォーマンス向上とケガの予防に取り組みましょう。

### 神経系のメカニズムを利用して筋肉を伸ばす！

**ダイナミック（動的）・ストレッチは、動きの中で筋肉を伸ばしていくストレッチですが、単に体を動かせばよいというものではありません。自分自身が体を動かす中で、どの筋肉のストレッチをしているのかをしっかり意識することが大切です。**

例えば、ひざを伸ばすとき、太もも前の大腿四頭筋（ひざを伸ばす筋肉）に力が入りますが、そのとき、太ももの裏側にあるハムストリング（ひざを曲げる筋肉群）の力が弛むようになります。このように、目的とする動きをする筋肉に力を入れると、反対の動きをする筋肉が弛むというメカニズムを相反抑制（そうはんよくせい）といいます。ハムストリングの筋肉をストレッチするために、スタティック・ストレッチ（08で解説）のように太ももの裏側を伸ばすという動作をするのではなく、逆にひざを伸ばす動作をすることで相反抑制により、太ももの裏側の筋肉が弛むのです。**「どの筋肉を伸ばしているのか」を意識することで、より効果的なダイナミック・ストレッチができるようになります。**

### ダイナミック・ストレッチ

ダイナミック・ストレッチは、体を動かしながら相反抑制という神経系のメカニズムを利用して目的とする筋肉を伸ばすこと。

例：ハムストリングのダイナミック・ストレッチ
① 一方の脚を振り上げ、反対側の手で爪先をタッチする。
② 太ももの前の筋肉（大腿四頭筋）を収縮させてひざをできるだけ伸ばすようにする。
③ 歩きながら左右行い、約10～15mぐらいの距離で行う。

相反抑制
大腿四頭筋を収縮させると
ひざを伸ばす筋肉
ハムストリングは弛む
ひざを曲げる筋肉

# これで納得！図解で学ぶ基本の き

## Q1 ダイナミック・ストレッチでどのようなパフォーマンスが向上するの？

運動前のダイナミック・ストレッチによって **向上・改善するパフォーマンス**

| 筋力 | ジャンプ力 | シャトルランタイム | 1RM（1回挙上重量） |
| 短距離走タイム | 筋肉の活動量 | 関節可動域 | スピード | など |

ダイナミック・ストレッチでは、スタティック・ストレッチと異なり、90秒以上行ったほうが、それ以下よりもよりパフォーマンスが向上すると報告されています。

## Q2 ダイナミック・ストレッチで注意する点は？

ダイナミック・ストレッチを安全にかつ効果的に行うために、以下のことに気を付けましょう！

**強度の低い種目から行うこと**
いきなり、動きの激しい種目を行うとケガにつながる可能性がある。

**体幹をしっかり固定すること**
上半身、下半身のプログラムにかかわらず体幹がぶれないように気を付ける。

**着地時の足・ひざの方向に気を付ける**
体幹を固定し、ひざが内側に入ったり、足が大きく外へ向かないようにする。

**ケガの部位がないか事前に確認しておくこと**
動かしたときに痛みのある部位がないか、事前に軽く動かして確認しておく必要がある。

ダイナミック・ストレッチは、動きながら行うので正しい体の使い方を身に付けなければ、その動作自体がケガを引き起こす原因となります。

## Q3 運動前にスタティック・ストレッチとダイナミック・ストレッチを組み合わせるとどうなる？

| ◎ | ◎ | ○ | △ |
|---|---|---|---|
| ダイナミック・ストレッチのみ | ①スタティック・ストレッチ<br>②ダイナミック・ストレッチ | ①ダイナミック・ストレッチ<br>②スタティック・ストレッチ | ※スタティック・ストレッチのみ<br>一部位に30秒以上 |
| スピード・加速向上 | スピード・加速向上 | スピード・加速やや向上 | スピード・加速低下 |

※一部位につき30秒以内ならパフォーマンスに影響を及ぼさない。

ダイナミック・ストレッチは、スタティック・ストレッチのマイナスの影響を打ち消す効果がありますが、スタティック・ストレッチの後に実施するほうが効果があります。

---

**ダイナミック・ストレッチのメリット・デメリット**

**メリット**
- 筋温が上昇する。●動きの中で柔軟性を獲得できる。●ストレッチ直後の筋力やパワーが向上する。
- 運動前の動作を確認できる。●心拍数が上昇するのでウォーミングアップに適している。

**デメリット**
- 急激な動きの種目ではケガのリスクもある。●動作を正確に行わないと、動作に癖が生じてしまう。
- 複数の筋肉が使われる動作の場合、目的とする筋肉を意識しにくい。
- ケガの予防のストレッチとして効果があるという報告はない。

# I スポーツ医学の基本

## 10 2人で行う効果的なストレッチは？
### 〜PNFストレッチ〜

　柔軟性を高めるために、痛いのを我慢して相手に無理やり押してもらったり、関節を広げてもらうのは、苦痛である上にあまりお勧めできません。柔軟性を改善するためにペアでストレッチをする場合には、ゆっくり時間をかけてスタティック・ストレッチ（08で解説）を行うか、少し技術が必要ですが、ここで紹介するPNFストレッチも効果的ではないかと思います。

### 筋肉の柔軟性を制御する神経系にアプローチ

　**PNF（Proprioceptive Neuromuscular Facilitation）は、日本語では固有受容性神経筋促通法と訳されます。PNFは、1940年代に米国の医師と理学療法士が、神経系の問題などで筋力が低下した患者のリハビリテーションとして開発し、現在でも医療機関などで行われています。**

　さて、筋肉が強い力で伸ばされると、これ以上伸ばされて切れないように、その筋肉を縮めるように中枢神経から指令を出します。これは、筋肉が引っ張られることで損傷するのを防ぐ伸張反射というメカニズムによるものです。実際に、**ストレッチをしていて硬い筋肉に痛みを感じるのは、伸張反射によってこれ以上伸びないようストップしているのです。つまり、実際に筋肉はもっと柔らかいはずなのに、防御機能によってストップがかけられていることで、本来の筋肉の持つ柔軟性が引き出されていないとも言えます。**

　そこで、一時的にその防御機能を弱めると、筋肉そのものの柔らかさを引き出すことができます。その効果は、PNFストレッチ直後に表れますが、長時間継続するものではありません。しかし、定期的に実施することで、筋肉そのものの柔軟性が高まると考えられます。

| PNFストレッチ | 固有受容性神経筋促通法を利用したストレッチで、筋肉の柔軟性を制御する中枢神経からの指令をコントロールすることで筋肉を伸ばす方法。 |

例：ハムストリング（太ももの裏）のPNFストレッチ

①最大の可動域まで脚を上げ、スタティック・ストレッチでハムストリングを伸ばす。

②Aの人は約5秒かけて脚を下げるように力を入れる。Bの人は、Aの人が下げる力に対抗する。

③その後、最大可動域まで脚を上げ、数秒間スティック・ストレッチをする。①〜③を数セット繰り返す。

# 図解で学ぶ基本の

## Q1 どっちのストレッチが柔軟性の改善に効果的？

スタティック・ストレッチ（60秒）
**vs**
PNFストレッチ×3セット

実施した報告では

PNFストレッチのほうが柔軟性が改善し、さらにPNFストレッチでは筋肉や腱そのものの柔軟性が向上

柔軟性の向上にはスタティック・ストレッチも効果的ですが、PNFストレッチのほうが改善したとの報告も多いようです。

## Q2 PNFストレッチは筋トレの前と後、どっちがよい？

下半身のPNFストレッチを行ってからウェイトトレーニングを実施すると…

スクワット　　レッグ・カール　　レッグ・エクステンション　　レッグ・プレス

**すべての種目において最大反復回数が減少！**

筋力トレーニングの直前にPNFストレッチを実施すると、反復できる回数が下がるのでトレーニング前は控えましょう。ただし、PNFストレッチ後、15分経ってから実施するとPNFストレッチによるマイナス効果はなくなります。

## Q3 PNFストレッチを定期的に実施すると筋力やパフォーマンスは下がってしまうの？

PNFストレッチ直後
〇柔軟性改善
×パフォーマンス低下
ジャンプ力・筋力など

PNFストレッチを長期的に実施（6週間以上）
〇柔軟性改善
△パフォーマンス変化なし

結論として、PNFストレッチは柔軟性を向上させるのに効果的ですが、運動直前のストレッチとしては効果的ではありません。長期的に実施しても運動パフォーマンスは低下しないので、柔軟性改善のために積極的に行うとよいでしょう。

### PNFストレッチのメリット・デメリット

**メリット**
- 痛みを伴わずに、柔軟性を改善できる。●効果がすぐに表れる。
- スタティック・ストレッチやダイナミック・ストレッチと比較して効果的に柔軟性の改善ができる。

**デメリット**
- PNFストレッチを効果的に行うには、パートナーの協力と技術が必要。
- 練習直前に行うと、筋力やスピードなどが低下する。

## スポーツ医学の基本 11

# 筋肉痛は防げるの？
## 〜遅発性筋肉痛〜

　筋力トレーニングを行った後や、普段やらないような動きをした後に筋肉痛が発生します。ひどい場合には、痛みが何日も続くことがあります。筋肉痛は、直接パフォーマンスの低下につながるので、できれば痛みを少なく、そして早く元の状態に戻したいものです。

　皆さんも筋肉痛にならない、もしくはひどくならないように、練習後にストレッチ、マッサージ、アイシングなどさまざまな手段で試してみたという経験があるのではないでしょうか。スポーツ活動には筋肉痛はつきものですが、この筋肉痛を予防することはできるのでしょうか。

### なぜ、筋肉痛になるの？

　一般的に筋肉痛は、トレーニングや激しい運動をした数時間〜1日程度遅れて表れます。このような筋肉痛を遅発性筋肉痛（DOMS: delayed-onset muscle soreness）と呼びます。**DOMS（ドムス）は、慣れない運動を実施して、普段使っていない筋肉に刺激が加わったときや、筋肉が引き伸ばされながら大きな力で収縮した場合などに発生します。筋肉を覆う筋膜や、筋線維に微細な損傷が生じることで起きるとされています。**

　痛みの程度は、運動強度や個人差もありますが、だいたい24〜72時間後にピークとなり、5日程度でなくなるようです。痛みの程度が強いからといって、必ずしもトレーニング効果が大きいとか、筋線維がひどく傷ついているということはありません。子どもは大人よりも筋肉痛や筋が損傷する程度も軽く、高齢者になると筋肉が損傷する程度が大きくなることが報告されています。また、普段トレーニングをしている人は、していない人よりも筋肉痛にならないことも分かっています。

　**現状では、「痛み」を防ぐ決定的な方法はありません。マッサージなどにより、仮に痛みを軽減できたとしても、回復する期間が短くなったりすることはないことも分かっています。**唯一考えられるとすると、筋肉痛が起きるであろうと考えられる種目や強度の運動を事前に行っておくことが、本番当日に筋肉痛にならない方法だと考えられます。

# これで納得！ 図解で学ぶ基本の き

### 筋肉痛の原因は？

遅発性筋肉痛は，普段あまり行わない運動や，筋肉が引き伸ばされながら収縮するような伸張性収縮（腕相撲で負けそうなときに耐えているような状況）を行ったときに発生します。

**不慣れな運動** → 筋線維の損傷

**伸張性収縮** → 筋膜などの炎症

**筋肉痛（遅発性筋肉痛）** DOMS (delayed-onset muscle soreness)

普段使わない筋肉に大きな力が加わることで数時間から数日後に遅れて出てくる痛み

## Q1 筋肉痛になったほうが、筋トレの効果は大きいの？

初回のトレーニング **筋肉痛あり** → **トレーニング効果あり** ← **筋肉痛なし** 継続したトレーニング

**筋肉痛のあるなしでトレーニング効果に大きな違いはない！**

トレーニングの初期には1週間近く筋肉痛が続くことがあります。しかし、定期的にトレーニングを行うと、さらに大きな負荷をかけても筋肉痛になりにくくなります。

## Q2 筋肉痛の「痛み」を軽減させる方法は？

**痛みの改善トップ3**
1. マッサージ
2. 加圧シャツ着用（体を圧迫するシャツ）
3. 軽い運動

アイシング、ストレッチ、電気療法などは「痛み」そのものの改善にはあまり期待できないが筋肉そのものの疲労回復には効果的。損傷の程度と筋肉痛の程度には関係がないことを理解しよう。

筋肉痛による痛みの軽減にはマッサージが効果的です。自分自身でローラーを用いたマッサージもよいでしょう。アイシングやストレッチは炎症予防、損傷の回復、使用した筋肉の柔軟性向上には効果的ですが、「痛み」の改善には効果が少ないようです。

## Q3 筋肉痛に効果的な栄養素はあるの？

筋肉痛の痛みそのものよりも、筋肉の損傷を防いだり回復を早めることに効果的。

### 筋肉損傷を事前に予防！
**BCAA**
「分岐鎖アミノ酸」と呼ばれ筋肉の損傷を抑える。アミノ酸は、たんぱく質を構成している成分で、特にバリン、ロイシン、イソロイシンのこと。

- **摂取方法**：トレーニングの1週間～10日前から摂取する。
- **多くふくむ食品**：鶏肉・マグロ・牛肉・卵など。

### 筋肉損傷を回復！
**ビタミン B1**
ビタミンB1は、体を動かすエネルギー（ATP）を作り出すときに必要な栄養素。運動時に多く使われる。筋肉痛を和らげる効果がある。

- **摂取方法**：運動後の疲労回復のために摂取する。
- **多くふくむ食品**：豚肉・魚類・グリーンピース・玄米など。

日常的に、しっかりと食事から栄養素を摂取することが大切。筋肉痛そのものは軽減できないかもしれませんが、筋肉の回復や損傷の程度を軽くする可能性はあります。

# スポーツ医学の基本 12

## 捻挫したときはどのように対応すればいいの?
～RICE処置～

スポーツ活動では、十分に注意していても足首やひざなどの捻挫(骨には異常のない靱帯などの損傷)が起きることがあります。そのとき、受傷部分を氷で冷やしたり、動かさないようにするのは基本です。

では、実際にどれぐらい、どのように、いつまで冷やしたらいいのかなど、分からないことは意外にたくさんあるのではないでしょうか。

### 捻挫(ねんざ)をしたら炎症を最小限にとどめる

足首やひざを捻挫(=靱帯損傷)すると、みるみるうちに炎症が起きてしまいます。この炎症は、壊れた組織を修復するために必要な反応です。**炎症の主な症状は、①皮膚に赤みをおびる、②患部が熱くなる、③腫れる、④痛みが出る、⑤動かしにくくなる、です。** これらの炎症を取り除くことはできませんが、素早く適切な処置を行えば、症状を軽くできます。また、捻挫した部位をそのまま放置しておくと、さらにその部位が損傷したり、炎症反応によって腫れがひどくなることがあります。

**受傷後の炎症を最小限にするためには、速やかに対応することが重要です。** 打撲、捻挫、肉離れなど傷口の処置が必要ないケガの応急処置にRICEが用いられています。**応急処置に必要なRest:休息、Ice:冷却、Compression:圧迫、Elevation:挙上の頭文字をとってRICE処置と呼ばれます。** RICE処置を行う場合の注意点として、アイシング時の凍傷、冷やすことによるアレルギー反応、バンデージをきつく巻きすぎることによる循環障害(血液が止まるような状況)に注意しましょう。

### RICE処置

RICE処置は、捻挫した部位の炎症がひどくならないように行う処置のことです。捻挫直後に行います。

**R est:安静**
運動をやめることで血液の循環を抑える。

**I ce:冷却**
低温にすることで炎症をゆるやかにする。

**C ompression:圧迫**
圧迫することで損傷した細胞や血管から細胞液や血液が流れ出すのを抑える。

**E levation:挙上**
捻挫した部分を心臓より高くし患部への血流をゆるやかにすることで内出血を防ぐ。

# これで納得！図解で学ぶ基本の き

## Q1 RICE処置の手順は？

**準備**
①伸縮バンデージ　②氷嚢（ひょうのう）
③アイシング用ラップ　④ビニール袋
⑤ビニール袋に氷を入れたアイスパック

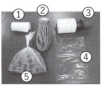

**❶アイスパックを作る**

ビニール袋に空気が入っていると空気の層ができ、アイシングの効率が悪くなる。

ビニール袋に氷を板状に並べ、袋の中の空気を抜く。

**❷損傷部位を冷やす**

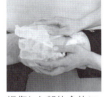

損傷した部位全体に、アイスパックもしくは氷嚢が当たるようにする。

**❸伸縮バンデージかラップでひざ全体を圧迫する**

ひざ全体を伸縮バンデージなどで圧迫し、ひざの下にクッションを入れて患部を高くする。

## Q2 コールドスプレーや湿布はアイシングの効果があるの？

### コールドスプレー
**アイシングの効果はない**
一時的な冷却感はある。損傷部位を冷やそうと思うと、数十分噴射することになり凍傷を起こす。

### 湿布
**アイシングの効果はない**
冷湿布は、消炎鎮痛剤などの炎症を抑えるための成分が含まれている。そのため、アイシングとしての効果はない。受傷直後はアイシングを行い、夜間などに湿布を使用するとよい。

捻挫した部位をアイシングという目的でコールドスプレーや冷湿布を利用しても効果はありません。それぞれの目的に応じて適切に利用しましょう。

## Q3 アイシングではどれぐらい冷やせばいいの？

**アイシングの時間**
1回につき20〜45分

**アイシングの間隔**
1〜2時間に1回／1日から3日間程度

**深部が冷却されるまでの感覚**
- アイシング実施後数分間で強い冷却感
- その後、感覚が麻痺
- 10〜12分後、血流増加により温感
- その後、血管収縮により深部が冷却

霜がついたような温度の低い氷は凍傷を引き起こす可能性があります。アイシングに適した氷は、表面に水滴がついているようなものです。

**スポーツ医学の基本**

## 13 短期間で体重を落とすのは危険？
### ～脱水～

　競技種目によっては、柔道、レスリング、ウェイトリフティングなど、体重による階級が設けられているものもあります。成長期における過度な体重制限による出場階級の選択は、成長を阻害したり、女子においては骨がもろくなるなどの問題があるので、あまりお勧めしません。

　そのため、成長期も終わり体も十分に成長し、体重にも大きな変化がなくなってきたら、自分の専門とする階級を決めるべきでしょう。専門とする体重の階級に出場するためには、普段の生活の中で体重を維持・管理することが大切です。試合に出場するための計量日の1週間前に、急に何kgも体重を落とすのは、脱水を伴い非常に危険な状態となります。

### 水分による短期間の減量の危険性

　数日から1週間以内に体重の5％以上の減量（例えば体重80kgの人が4kg以上の減量）をするような場合を急速減量と呼びます。急速減量による体重減少は、ほとんど水分によるものです。サウナで汗を2ℓ流すと、単純に体重は2kg減少しますが、体の中は脱水状態となっています。このような方法で体重を落とすことによって、しばしば脱水症状により体調をくずしたり、場合によっては命を落とすこともあります（米国,1997年）。

　水分による急速減量をすると、血液が濃くなり、血液の量も減少します。そのため、心臓に負担がかかり、持久力が大きく低下します。また、急速減量をする人は食事制限を伴うことが多く、計量（試合出場のため体重検査）の前日は、完全に何も食べないというケースも見られます。その場合、脱水だけではなく、体を動かすための原料となる糖質も足りなくなり、スタミナがさらになくなるだけではなく集中力も低下し、大きなケガにつながることもあります。

### ヒトは1日に2.5ℓの水分の出し入れがある

ヒトの体の約60％は水分で構成されており、1日に2.5ℓの水分の出し入れがあります。必要量の水分は摂取する必要があります。

【水分の摂取量】
- 食事　　　　　　1.0ℓ
- 体内で作られる水　0.3ℓ
- 飲み水　　　　　1.2ℓ
- **2.5ℓ**

【水分の排泄量】
- 尿　　　　1.5ℓ
- 大便　　　0.1ℓ
- 汗・呼吸　0.9ℓ
- **2.5ℓ**

水分を体重の5％失うと脱水症状や熱中症の症状が生じ、10％失うと筋肉のけいれんや突然死のリスクが高まり、20％失うと死に至ります。

# これで納得！図解で学ぶ基本の き

## Q1 脱水するとどんな症状がでるの？

| こんなサインに注意！ | 体重の減少率 |
|---|---|
| **Level 1** 口の乾き（軽度）・唇が乾燥する | 3％ |
| **Level 2** 顔が赤くなる・尿が紅茶色 | 4％ |
| **Level 3** 頭痛・体のほてり | 5％ |
| **Level 4** めまい・顔面蒼白・口の渇き（高度） | 6〜7％ |
| **Level 5** 身体動揺・けいれん | 8〜10％ |

体重の3％以上水分を失うと、筋力や持久力が低下します。また、体重の11％以上水分を失うと命の危険性がありますので、スポーツ活動中の脱水として現実的ではありません。

## Q2 脱水症状が出たときは、どんな水分をとればいいの？

【多量の汗をかいたとき】
汗1ℓあたり、13〜17gの塩分が一緒に流れ出る

血液の塩分濃度約0.9％

**塩分が汗で流れ出ているのに 水のみの補給**
→ 血液の塩分がさらに薄まるので、尿や汗がもっと出て、塩分濃度を一定にしようとする。
→ **さらに脱水が進む** これを「自発的脱水」という。

**塩分濃度0.2％程度の水分補給**
→ スポーツ・ドリンクを確認して塩分濃度0.1〜0.2％のものを選ぶ。
→ **3〜10時間** で体液が脱水前までに回復する

## Q3 体重の何％までなら水分で体重を落としても大丈夫？

水分のみで体重を落とす場合は、右の表を参考にして体重の2％までにするようにしましょう。例として、柔道の階級をもとに体重の2％プラスの体重を表にしてみました。他の競技でも、自分の体重区分からプラス2％を常に意識しておきましょう。

| 男子 | | 女子 | |
|---|---|---|---|
| 階級 | 2％プラス(kg) | 階級 | 2％プラス(kg) |
| 60kg | 61.2 | 48kg | 49.0 |
| 66kg | 67.3 | 52kg | 53.0 |
| 73kg | 74.5 | 57kg | 58.1 |
| 81kg | 82.6 | 63kg | 64.3 |
| 90kg | 91.8 | 70kg | 71.4 |
| 100kg | 102.0 | 78kg | 79.6 |

これまでの研究をみても、体重の2％までならば水分を失っても体にもパフォーマンスにも影響がないことが分かっています。

# I スポーツ医学の基本

## 14 熱中症にならないためには？
～熱中症～

　毎年、熱中症による死亡事故が報告されているのですが、15～19歳のほとんどがスポーツ活動中によるものです。屋外競技は、近年の気温上昇に伴い熱中症のリスクも高くなってきていますので、十分な準備と対策が必要です。

　一方、室内競技ではエアコンが完備されているところも増えているので、夏場でも快適に練習ができるようになってきました。しかし、室内競技であっても他校との合同練習などで別の学校やクラブを訪れたときにまったくエアコンの効かない施設で練習をすると、普段快適な場所で練習をしている人ほど熱中症になりやすくなります。

### 夏の暑さを味方にしよう！

　最近では、学校の教室にもエアコンが導入されているところがほとんどで、夏場も快適に勉強ができるようになりました。家の中でも同様で、逆にエアコンがないと危険な状態でもあります。このように、快適に日常生活を過ごせるようになったことで、"夏の体"にならなくても、真夏を乗り越えられるようになってきました。つまり、本来であれば日常生活の中で徐々に暑さに慣れていくはずが、スポーツをする人にとっては、強制的に"夏の体"にしなければならなくなったのです。

　==「夏の体になること」、つまり夏に強い体にすることを暑熱順化と言います。夏のスポーツ活動で高いパフォーマンスを発揮するためには、必ず暑熱順化を行っておく必要があり、そのことが熱中症予防にもつながります。==夏だからこそ、暑さをむしろ味方にして練習に励むことが大切です。ただし、無理は禁物。もし熱中症の症状が現れた場合には、速やかに対処しましょう。

### 熱中症の病型

| | 熱失神 | 熱けいれん | 熱疲労 | 熱射病 |
|---|---|---|---|---|
| 症状 | 暑さによって、一時的に脳への血液の量が少なくなり、めまいや失神により倒れることがある。 | たくさん汗をかくことにより血液中の塩分が失われ、筋肉のけいれんが起こった状態（塩分は筋肉を動かすのに必要）。 | 体温を下げるため皮膚への血流が多くなり、内臓への血流が不足する。さらに脱水が加わり、脱力感、体温上昇、吐き気、頭痛など激しい疲労状態となる。 | 体温が40℃を超えて脳機能に異常がみられる。応答が鈍い、言動がおかしいなどの症状がみられる。 |
| 対応 | 足を高くして、涼しいところで寝かせる。 | 体内の塩分濃度と同じ濃度の食塩水(0.9％)を補給する。 | 安静にした状態で、スポーツドリンクなどで水分と塩分を補給する。 | 首、わきの下、太ももの内側を氷で冷やし、体温を下げる(39℃以下)。急いで救急車を呼ぶ。 |

# これで納得！ 図解で学ぶ基本の き

## Q1 どんなときに熱中症に注意すればいいの?

熱中症と深く関係のある状態があります。練習前やトレーニング前には、以下のチェックポイントを確認しましょう。

 Check!

- ☐ 睡眠が不足している（よく眠れなかった）
- ☐ 熱がある、熱っぽい
- ☐ のどが痛い
- ☐ 風邪を引いている
- ☐ 下痢をしている
- ☐ 朝食を抜いた

特に、睡眠不足や下痢は、合宿などの慣れない共同生活時に起きることがあります。また、初心者や肥満傾向の人も熱中症になりやすいので注意しましょう。

## Q2 熱中症に強い体にすることはできるの?

暑い環境の中でトレーニングを継続すると、体が暑さに慣れて熱中症にかかりにくくなっていきます（暑熱順化）。

### 暑熱順化（しょねつじゅんか）の方法

**暑い環境を利用する**
エアコンの効いた部屋では暑熱順化はできない。

**1週間程度の期間が必要**
できるだけ毎日暑い中で運動を行い最低でも3日に1回実施する。

**比較的高強度の運動を実施**
弱い強度から徐々に高めていく。水分をしっかりとりながら行う。

**最初の2～3日は90分以内**
短い時間からはじめ、慣れてきたら徐々に運動時間を長くしていく。

暑熱順化をはじめて、2～3日は、汗がどんどん出てきます。しっかり塩分を含んだ水分摂取を心がけてください。その後、汗の量も落ち着き、体温や心拍数が上がらなくなり、汗の中の塩分量も少なくなってきます。

## Q3 熱中症予防に効果的な水分摂取の方法は?

塩分を含まない水分摂取は、体内の塩分濃度が薄まることで、より汗を出すように体が反応します。

- ☐ 塩分濃度0.1～0.2％程度のスポーツドリンクを用意する。
- ☐ 運動中も自由に飲めるようにする。
- ☐ 冷たすぎず5～15℃程度の冷水にする。
- ☐ 練習後、体重の減少が2％以内に収まるようにしっかりと水分摂取を行う。

**あるスポーツドリンクの栄養成分表示**

栄養成分表示(100ml当たり)
エネルギー 19kcal、たんぱく質・脂質 0g、炭水化物 4.7g、食塩相当量 0.1g、カリウム 8mg、マグネシウム 1.2mg/アルギニン 25mg、イソロイシン 1mg、バリン 1mg、ロイシン 0.5mg

この場合、食塩相当量0.1gなので、塩分濃度0.1％のスポーツドリンクである。

運動中に甘みのあるスポーツドリンクや塩分を含む水分摂取を嫌う人がいます。その場合には、濃いめの塩分や糖分を含む水分を摂取したあと、それらを含まない水や麦茶などを摂取するとよいでしょう。

# I スポーツ医学の基本

## 15 息をしすぎて体がしびれる症状って何?
### 〜過換気症候群〜

　子どもの頃、泣きすぎて体がしびれるような感覚に見舞われた経験があるという人はいませんか? 「ヒック、ヒック」と通常よりもたくさん空気を吸うことによって、顔や手足がしびれるようなことがあります。泣き過ぎだけではなく、久しぶりに強度の高い運動を行ったときやパニックになったときにも同じような症状が起きます。このような症状を「過換気症候群（かかんきしょうこうぐん）」といいます。

### 息のしすぎで現れるしびれ

　**過換気症候群は、運動時の過呼吸（必要以上に息をすること）によってしびれや、めまい、極度の疲れなどの症状が現れます。**準備運動をせずにダッシュをしたり、普段まったく運動をしていない人が、急に強度の高い運動を行ったときに発症することが多いようです。

　「呼吸がしにくい」といった自覚症状が現れ、精神的にパニック状態になり、さらに息をしようとすると、症状が悪化していきます。この場合、本人だけではなく周りの人も落ち着いて対応しましょう。ただし、**過換気症候群が疑われるのは、もともと健康であり、明らかに運動が原因で生じたものであることが前提です。**それ以外の可能性がある場合には、速やかに救急車を呼ぶ必要があります。

【過換気症候群のメカニズム】過換気症候群は、いつもよりも多く呼吸を繰り返す（過呼吸）ことで、血液の中の二酸化炭素の濃度が低下し、さまざまな症状を引き起こします。

```
急な運動や精神的不安など
        ↓
過呼吸
必要以上に多く呼吸を繰り返す
        ↓
呼吸性アルカローシス
血液中の二酸化炭素の濃度が低下し、Phが酸性からアルカリ性に傾く（筋肉を動かすカルシウムイオンが減少）
        ↓
しびれ、呼吸困難など
```

呼吸がしにくいのでさらに息をしようとする

## これで納得！図解で学ぶ基本の

### Q1 過換気症候群の主な症状は？

過換気症候群は、さまざまな症状を引き起こします。どんな症状があるのか事前に理解しておきましょう。

**呼吸**
- 速い呼吸
- 息切れ
- 息のしにくさ

**筋肉**
- 手足のしびれ
- 口周囲がしびれた感じ
- 力が入らない

**神経**
- めまい
- 頭がボーとする
- 頭痛
- 手指のしびれ
- ものが二重に見える

**心臓**
- 胸が痛くなる
- 脈が速くなる
- 心臓がドキドキする
- 胸が押さえられたような感じ

**消化器**
- 口の中の渇き
- おなかがふくれた感じ

**精神面**
- 不安
- 汗をかく
- 緊張
- パニック
- 疲れ

### Q2 過換気症候群を予防するには？

過度なプレッシャーや急激な運動は、過換気症候群を引き起こす可能性があります。

**運動後に呼吸のリズムを整える**
急激な運動後、呼吸がなかなか元に戻らず過呼吸になることがある。急に運動をやめず、徐々に呼吸を整えよう。

**急に強度の高い運動をしない**
準備運動をせずに、急に強度の高い運動をすると、呼吸数が上がり過呼吸を引き起こす。しっかりとウォーミングアップをしよう。

**不安を取り除こう**
「負けたらみんなに迷惑をかける」といった、ネガティブな考え方をやめて、プラス思考で試合や練習にのぞもう。

**暑さや寒さの環境にも慣れておこう**
暑い体育館や寒い場所で、激しい運動をすると過呼吸になることがある。体を環境になじませておこう。

**熱中症とは区別しよう**
熱中症によって、過換気症候群を引き起こすことがある。体温が著しく高くなっていないか、意識障害がないか注意しよう。

**何度もなる場合には医療機関へ**
練習中に何度も過換気症候群のような症状を引き起こす場合には、別の原因の可能性もある。速やかに医療機関を受診しよう。

### Q3 過換気症候群の対処法は？

急な運動が原因で起こる過換気症候群に対しては、本人も周囲の人も落ち着いて対応しましょう。

**●呼吸を止める、もしくは10秒ぐらいかけてゆっくりと行う！**
呼吸をゆっくり行うことで、二酸化炭素が体内からたくさん出ていかないように心がける。

**●過呼吸の症状が出た場合には、落ち着いて対応し、周囲もあわてずに背中をさすってあげよう！**
周囲があわてると、精神的にパニック状態におちいることがある。症状が出た人には落ち着かせるようにする。

**●ペーパーバッグ法はやめておこう！**
ペーパーバッグ法は、ビニール袋などで吐き出した二酸化炭素を吸うことで、血液中の二酸化炭素濃度が減少するのを防ぐ方法。

以前はこの方法が用いられてきたが、現在は不安が大きくなったり、症状が悪化することもあるので、現場では行わない。

## スポーツ医学の基本 16

# なぜ足がつるの?
## ～筋けいれん～

　冷たいプールなどでウォーミングアップもせず、急にバタ足などをしたときに足の指やふくらはぎなどが激しい痛みをともなって勝手に収縮するようなことがあります。また、練習中にも急に太ももの裏側やふくらはぎがつってしまい、痛みが持続するとともに、場合によっては、次の日に筋肉痛のような痛みが残ることがあります。

　一般的に「足がつる」とか、ふくらはぎの場合は「こむら返り」と言われますが、このような筋痙攣(きんけいれん)はなぜ起こるのでしょうか。

### 「筋けいれん」とは?

　筋けいれんは、自分では筋肉に力を入れていないのに、激しい痛みを伴いながら勝手に筋肉が収縮するような症状のことを言います。若い人では、睡眠中に起きることは少ないのですが、50歳以上になるとほとんどの人が睡眠中に足の痙攣を経験しているとの報告があります。通常、筋肉はその動作に適した力で収縮するようにコントロールされています。何らかの理由により、筋肉の収縮を弱める指示を脳や脊髄にフィードバックできなくなると、常に筋肉は強く収縮し続けてしまうのです。

　筋けいれんは、筋肉が疲れているとき、脱水時、温度差が大きいときなどに起こりやすく、またなりやすい人とそうでない人がいます。できれば、大切な試合のときには筋けいれんが起きないように注意したいものです。また、筋けいれんが起きたときにはどのように対処すべきかも学んでおきましょう。

【筋けいれんのメカニズム】

筋肉の収縮は、いつも動作に適した収縮力となるように調整されているが、何らかの理由でこのバランスが崩れると、筋肉が収縮し続けることになる。

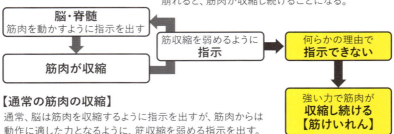

【通常の筋肉の収縮】
通常、脳は筋肉を収縮するように指示を出すが、筋肉からは動作に適した力となるように、筋収縮を弱める指示を出す。

# これで納得！ 図解で学ぶ基本の き

## Q1 筋けいれんの原因には何が考えられるの？

病気が原因ではないスポーツ活動中に起きる筋けいれんの代表的な原因には以下のようなものが挙げられます。

| 筋疲労 | 電解質・ビタミン欠乏 | 脱水 | 環境の温度 | 熱中症によるもの |
|---|---|---|---|---|
| 筋肉の疲労によって収縮力を調整する機能が低下する。速筋線維の割合の多い人がなりやすい。 | 筋肉の収縮に必要なカルシウム、ナトリウム、カリウム、マグネシウムイオンなどの欠乏。ビタミンB群、ビタミンCなどの不足。 | 体重の3％以上の脱水で筋けいれんが増加したとの報告。脱水によって、神経が筋肉に指令を出す接合部が敏感になることが報告。 | 運動を行う環境の温度が高温時、低温時両方で筋けいれんを起こしやすい。 | 熱中症の一つである熱けいれんは、暑い環境の中で、水分のみを摂取しナトリウムなどを摂取しない場合に生じる。 |

## Q2 筋けいれんを予防するには？

筋けいれんの原因を取り除くように事前に準備しておきましょう。

### テーピングやサポーターをする
過度な負担がかからないように、使われる筋肉を補助するキネシオ・テーピングを用いる。

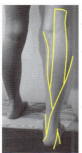

①キネシオテープを準備する。
②アキレス腱を伸ばす姿勢をとらせる。
③踵の下からアキレス腱を通り、軽く引っ張りながら真っすぐ貼る。＊強く引っ張ってはいけない。
④内側のふくらはぎと、外側のふくらはぎに沿って、踵の下から斜めに張っていく。

### 筋肉を温めるために十分なウォーミングアップを行う
筋温が低いと筋けいれんのリスクが高まる。

### バランスのよい食事をとる
「食事バランスガイド」を参照して、主食（ごはん）、主菜（肉・魚）、副菜（小鉢）、乳製品、果物のバランスのとれた食事をとる。

### ミネラルを含む水分を摂取する
ナトリウム、マグネシウム、カリウムなど。

### バランスよく筋肉を鍛えておく
普段使っていない筋肉に負担がかかると「つりやすく」なるので、弱い筋肉をつくらない。

### バランスディスクなどの不安定な地面でトレーニングを実施
砂浜を走り込むなど不安定な地面でのトレーニングにより関節の可動域がひろがり、細かい筋力も向上できる。

## Q3 筋けいれんの対処法は？

筋けいれんが起きた場合には、そのメカニズムを理解して素早く元に戻すようにしましょう。

●ハムストリング（太ももの裏）がつった場合

パートナーストレッチ　　セルフストレッチ

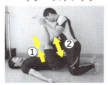 

①大腿四頭筋に力を入れる
②ハムストリングを伸ばす

❶筋けいれんを起こしている筋肉そのものを伸ばす
❷筋けいれんを起こしている筋肉と反対側の筋肉に力を入れる
　筋けいれん中はハムストリングを収縮するように指令が出ているので、その反対の筋肉である大腿四頭筋（太ももの前）の筋肉を収縮させるように脳から指令を出すと症状が治ってくる。
❸筋けいれんを起こしている筋肉を温める
　血管が収縮し血流が低下し筋の温度が低下する。
❹脱水がある場合には、スポーツドリンクなどで水分摂取を行う

# スポーツ医学の基本 17

## 肉離れはどれくらいで復帰できるの？
～肉離れ～

肉離れは、突然襲ってきます。急に力を入れたとき、ダッシュしたときなど、「ブチッ」「パーン」といった感覚とともに、急に力を入れることができなくなり、さらに力を入れようとすると激しい痛みに襲われます。この肉離れは、誰にでも起きる可能性があり、復帰が長引く場合もあります。

### 「肉離れ」とは？

**筋肉が強く収縮しているにもかかわらず、逆に引き伸ばされるような力が加わることで、筋肉や腱膜（けんまく）が損傷した状態を「肉離れ」と言います。** 肉離れを起こす部位は、ハムストリング（太ももの裏側）が最も多く、次に下腿三頭筋（ふくらはぎ）、大腿四頭筋（太ももの前面）、と続きますが、大胸筋（むねの筋肉）にも起きることがあります。

**肉離れ直後は、RICE処置を行います。** ハムストリングの肉離れの場合、ランニングを始めるまでに、軽症（Ⅰ度）では1～2週間、中等度（Ⅱ度）では4～6週間、重症（Ⅲ度）では半年近くかかることもあります。再発予防のためにも競技復帰には、十分なリハビリテーションが重要となります。

【肉離れのメカニズム】　肉離れは、筋肉が収縮しているのにもかかわらず、収縮している方向と反対側に強く引っ張られることで起こります。

●全力疾走したときに生じるハムストリング（太ももの裏）の肉離れ

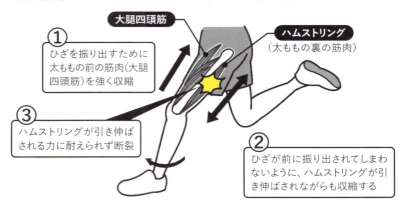

① ひざを振り出すために太ももの前の筋肉（大腿四頭筋）を強く収縮
② ひざが前に振り出されてしまわないように、ハムストリングが引き伸ばされながらも収縮する
③ ハムストリングが引き伸ばされる力に耐えられず断裂

# これで納得！図解で学ぶ基本の き

## Q1 肉離れの部位はすべて同じ？

肉離れは、損傷している場所によって、重症度が異なります。

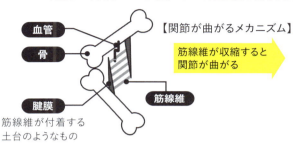

イメージ図

**I度 軽症** 筋線維もしくは血管の損傷

**II度 中等症** 腱膜の損傷

**III度 重症** 付着部の完全な断裂

内出血のわりに損傷は少なく早く復帰できる。

筋線維の土台である腱膜が損傷すると、修復に時間がかかる。

付着部が断裂すると機能の障害が大きく復帰に時間がかかる。

## Q2 肉離れのリハビリはどうすればいいの？

まずは、病院でしっかり診察をしてもらいその後、専門家の指示に従いましょう。
III度では、手術が必要なこともあるので、ここでは除外します。

### ①患部の保護
- I度は2日程度、II度は組織の修復がはじまる1週間程度の安静。
- 炎症が治まり、痛みのピークが過ぎたら肉離れの部位を温めていく。

### ②機能の回復
- I度では受傷後1週間以内、II度では2週間程度で、肉離れをしたところ以外のトレーニングを実施し徐々にストレッチを行う。

### ③運動機能の回復
- I度では受傷後1〜2週間、II度では4週間以降にジョギングを開始していく。

### ④競技能力の回復
- ジョギングやダッシュなどができるようになってきたら、復帰に向けて軽めの専門種目の動作を始めていく。

# 図解で学ぶ基本の

## Q3 肉離れのテーピングの方法は?

肉離れのためのテーピングは、痛みのある部位を中心に筋肉を圧迫するように巻いていきます。

【使用するテープ】
- 38mmの非伸縮ホワイトテープ
- 75mmの伸縮もしくはハンディカットテープ

【例:ハムストリングの肉離れのテーピング】
他の部位の肉離れも受傷部位を中心に同様の方法で行う。

① 痛い部位を挟むようにして左右に貼る。

② ①で貼ったテープの上から斜めに引っ張りながら貼る。

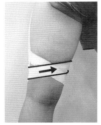

③ ②と同様に、反対側からも交差するように貼る。

④ 痛みのある部位の上の方まで②③を繰り返す。

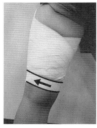

⑤ 水平に貼っていく。

⑥ 上まで水平に交互に貼っていく。

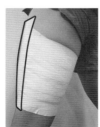

⑦ ①で貼ったテープがはがれないように、①の上から皮膚に半分かかるように縦に貼る。

⑧ 伸縮テーピングなどで太もも全体を巻く。

# スポーツ医学の基本 18
## 女子選手が特に注意すべきことって？
### ～女子のスポーツ医学～

　スポーツ医学の基礎的な理論は、スポーツ選手全員に共通する知識ですが、性別においては少し注意しておくべきことがあります。なぜなら、男子には男子の、女子には女子特有のケガのしやすさなど、性別によって特徴的なものがあるからです。そのため、それぞれの性別に応じた対策をとることも重要です。

### 女子と男子ではスポーツ傷害の特徴が違う

　小学生までは、男女の体力やケガの傾向などには差が見られないのですが、中学生を過ぎたころから、男女間で違いが見られます。特に、男子では男性ホルモン、女子では女性ホルモンの分泌が活発になることで、性差によって特徴が明確になってきます。関節は、男子よりも女子の方がゆるくなる傾向にあります。これは、筋肉の柔軟性とは別で、捻挫や脱臼など関節がずれることに関係するケガをしやすくなります。

　また、女子は男子よりも体脂肪の割合が高くなり、さらに基礎代謝も低いため、体重制限のある競技ではなかなか体重が落ちなかったりします。このように、女子と男子とは異なる特徴があることを理解して、対策をとることが重要です。

【女子と男子の身体的特徴】

女子の特徴は、男子よりも脂肪がつきやすく、筋肉がつきにくい。さらに、基礎代謝が低いので痩せにくいなど、特に体脂肪に関する部分で大きく異なる。

|  |  |  |
|---|---|---|
| 関節のゆるさ | 女 > 男 | 女子の方が関節がゆるいため、捻挫などの靭帯損傷は女子の方が多くなる。 |
| 体脂肪率 | 女 > 男 | 女子の方が脂肪がつきやすいため体重管理が難しい。 |
| 基礎代謝 | 女 < 男 | 同じ体重の男女を比べると女子のほうが基礎代謝が低い。つまり、痩せにくい。 |
| 筋肉のつきやすさ | 女 < 男 | 女子のほうが筋肉がつきにくいため、筋力トレーニング効果が見えにくい。 |
| 筋線維の太さ | 女 < 男 | 女子のほうが筋線維が太くなりにくいため、男子よりも筋力が弱い。 |

## Q1 1ヵ月の間に体重が増えたり、関節がゆるくなる期間があるって本当?

1ヶ月の間に、女性ホルモンの影響で体にさまざまな影響をもたらします。自分のリズムを把握して、練習や試合までのスケジュールを立てましょう。

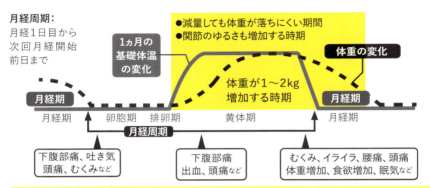

体温が上昇する排卵期から月経期間まで、関節もゆるくなるので靱帯損傷に注意が必要です。また、月経前の黄体期には体重が増加し、減量しにくい時期です。体重を落とす必要のある選手の場合、このこともよく考えながら、計画を立てましょう。

## Q2 すべての女性アスリートが知っておくべき三主徴って?

すべての女性アスリートが知っておくべき女子と運動に関する代表的な「3つの症状(主徴)」があります。将来の健康にも関わるので、知識をおさえておきましょう。

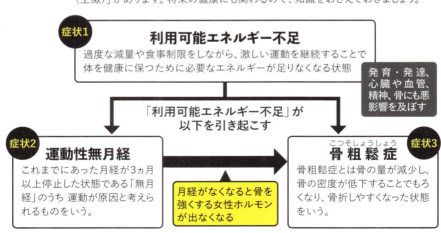

### 特に体重制限のある競技選手は注意しましょう!

# Q3 なぜ、成長期に骨を強くしておかなければいけないの?

一生のうちで、10代の間が最も骨が強く(骨密度が高く)なる時期です。そのため、この時期に骨を強くしておかないと、将来、骨粗鬆症の危険性が高まるからです。

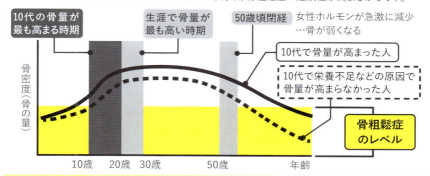

10代の激しい運動と体重制限で、初経の時期が遅れたり、無月経であったりすると骨を強くする女性ホルモンが十分に分泌されず、骨が弱くなります。「利用可能エネルギー不足」は痩せすぎにつながり、骨の発育を妨げるので、10代はしっかりと食事をとるようにしましょう。

# Q4 女子選手に多い鉄欠乏性貧血とは?

鉄欠乏性貧血は、女子選手に多いスポーツ障害の一つです。酸素を体内に運ぶヘモグロビンの材料である鉄が不足することで、貧血の症状が現れます。

**症状**
- □ だるい、めまい、息切れ
- □ せんべいなどの硬いものを食べたくなる
- □ 爪が白っぽい、スプーンのように反る
- □ 酸味がしみる
- □ 口内炎になりやすい

など

**原因**
- □ 無理な減量による鉄不足
- □ そもそもスポーツ選手は筋肉で鉄が使われる
- □ 月経による鉄不足

など

スポーツ選手は、ただでさえ鉄が不足する上に、鉄は吸収率が悪いので、どうしても不足しがちです。食事から鉄分をとるようにし、貧血が疑われるようであれば医師に診てもらいましょう。

# Q5 女子にひざの前十字靱帯損傷が多いって本当?

ひざは不安定な関節です。ひざのズレを防ぐ前十字靱帯を痛めると、ひざが不安定になってしまい、復帰にも時間がかかります。とにかく、前十字靱帯を痛めないことが大切です。

【前十字靱帯損傷の男女の割合】

【女性が前十字靱帯損傷を起こしやすい理由】

| 解剖的理由 | 神経的理由 | 筋力的理由 |
|---|---|---|
| 男子より骨盤が広くひざが内に入りやすい。靱帯も男子よりゆるい。 | ひざが入る姿勢を脳が危険だと認識していない。 | ひざが内に入らないようにする体幹・下肢筋力が不足している。 |

## Q6 女子のための前十字靭帯損傷予防のトレーニングは?

以下のトレーニングを週に2〜3回、1回につき15分程度実施しましょう。
脳が自然に正しい動きを覚えるまで、正しい動作で繰り返し行うことが重要です!!

すべてのスポーツにおいて、ひざが内側に入り爪先が外を向いている姿勢(ニー・イン・トゥ・アウト)は、前十字靭帯の損傷を引き起こしやすい危険な姿勢です。どのような動きの中でも、この姿勢にならないように注意しましょう。

ひざが内側に入っている

爪先が外を向いている

### 柔軟性のトレーニング

筋肉が硬いことで動きが制限されないように、下肢の柔軟性を獲得しておこう。

太ももの前の筋肉を伸ばす。
(大腿四頭筋)

太ももの後ろの筋肉を伸ばす。
(ハムストリング)

### 筋力のトレーニング

ひざの動きをしっかりとコントロールするための、ひざ周囲の筋肉を鍛えておこう。

【ノルディック・ハムストリング】

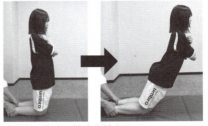

太ももの後ろの筋肉を鍛える。
ひざが前にずれるのを防ぐ重要な筋肉。

【スクワット】

スクワットを行い、太ももの前の筋肉を鍛える。このとき、ひざが内側に入らないように注意!

## 動きのトレーニング

どんな動きの中でもひざが内側に入らないようにすること。意識しなくてもできるようにしよう。

【スクワット・ジャンプ】

**上下の動きに強くなる**

スクワットジャンプを行い、ひざが内側に入らないよう着地する。

【ブロード・ジャンプ】　**前後の動きに強くなる**

前にジャンプし、ひざが内側に入らないように着地する。後ろも行う。

【ランジ】

足を前に踏み出す。ひざの動きに注意

【ラテラル・バウンド】　**左右の動きに強くなる**

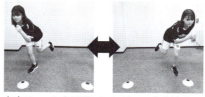

左右のコーンを目印にして、ジャンプ、着地する。ひざが横に動かないように注意。

【反復横跳び】

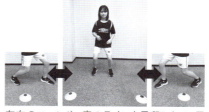

左右のコーンや、床のラインを目印にして、反復横跳びを行う。その際、学校の体力テストで行っているような方法ではなく、下の注意点の写真のように、切り返しのときに、ひざの方向と爪先の方向を合わせて移動する。

**注意**
切り返しのとき、移動方向とひざ、爪先を合わせる。

## バランスのトレーニング

静止した状態の中で、ひざを正しい位置に持ってくるようにコントロールしよう。

体を前に倒し、足を上に上げる。この状態を維持する。ひざの動きに注意する。

 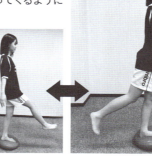

バランスディスクの上で、足を前後に動かす。軸足のひざが内側に入らないよう注意する。

# 運動中に筋肉が疲れないようにするには?
## 〜末梢性疲労〜

**スポーツ医学の基本 19**

　運動中に力が入りにくくなったり、その運動が継続できなくなったりすることで「疲れ」を感じることがあります。しかし、この「疲れ」は運動の強度や時間の長さによって異なります。例えば、腕立て伏せをしていて、筋肉に力が入らなくなることも「疲れた」と言いますし、持久走でこれ以上走れなくなる状態も「疲れた」と言います。

　ここでは、持久的な「疲れ」ではなく、筋肉が大きな力を継続して発揮できなくなるような状態である「筋疲労」について説明していきたいと思います。

### 筋肉に力が入らなくなるのはなぜなの?

　筋力トレーニングや100m走などのように、大きな力を継続して発揮すると筋肉が疲れて力が入らなくなります。筋肉に力が入らなくなる理由として、大きく2つあります。==一つは筋肉に指令を出す脳が疲れて力が出なくなる中枢性疲労と、もう一つは筋肉そのものが疲れて力が発揮できなくなる末梢性(まっしょうせい)疲労です。==運動中に筋肉が疲れないようにするためには、2つの対策があります。

==①脳と筋肉を動かすためのエネルギーとなる糖質を不足させない、そしてしっかり摂取すること。==
==②筋肉そのものを疲労に強い筋肉に変えるようなトレーニングをすること。==

　この2つについて、どのような方法があるのかみていきましょう。

### 【疲労の種類】

これ以上力を発揮できない…

**疲労**
トレーニング、練習、試合で筋肉が疲れて力を発揮できなくなる原因は…

トレーニングや試合などで、力が入らなくなることがありますが、それは「脳の疲れ」と「筋肉の疲れ」によります。このとき、脳や筋肉のエネルギーとなる糖質(グリコーゲン)がなくなることも力を発揮できない原因となります。

**脳の疲れ**
脳が疲れて、筋肉に力を入れるための信号が弱くなる(中枢性疲労という)。
【原因】●長時間の運動 ●糖質の不足

**筋肉の疲れ**
筋肉そのものが疲れて、力を発揮できなくなる(末梢性疲労という)。
【原因】●糖質の不足 ●筋肉の性質

疲れやすい筋肉と疲れにくい筋肉がある。

# これで納得！図解で学ぶ基本の き

## Q1 運動で『乳酸がたまる』というけれど、それって何？

強度の高い運動では、糖（グリコーゲン）を原料に筋肉を動かします。そのときによく疲労物質といわれる『乳酸』が体内でつくられますが、『乳酸』がたまることで疲労するわけではありません。

強い力を継続すると**筋肉がパンパン**になって力が入らない
- 乳酸が蓄積する！ → ✗ 乳酸が原因で動かなくなるわけではない。
- 速筋線維が疲労する！ → ○ 大きな力を出す速筋線維は疲労しやすい。

大きな力を発揮すると筋肉の中では、酸素を使わないで筋肉を動かすためのエネルギー（ATP）をつくり出します。そのエネルギー（ATP）がなくなると、運動を継続することができません。また、大きな力を出すときには速筋線維（大きな力を出すが、疲れやすい）が使われます。そのため、普段からトレーニングで筋肉に負荷をかけて、大きな力を出しても疲れにくい筋肉に変えておく必要があります。

## Q2 ごはん（糖質）を食べないと力が入らなくなるの？

ごはんなどの炭水化物は糖質と食物繊維が結合したものです。糖質は体や脳を動かすためのエネルギー源ですので、不足すると力が出なくなります。

糖質を使って運動をする！
**糖質** → 筋トレやサッカーなどの強度の高い運動
- たくさんあると → 持続できる
- もし、足りないと → 力が出ない

糖質が足りなくなると、筋肉を動かすエネルギーが足りなくなるのと同時に、脳のエネルギーも足りなくなり、強い力を発揮する信号が出せなくなります。試合前日や当日の朝、は消化のよい糖質を摂取するようにしよう！

## Q3 どんなトレーニングをすれば疲れにくい筋肉になるの？

筋肉の中のグリコーゲンがたくさん使われると疲労してしまうので、できるだけ節約できる筋肉の性質（大きな力を発揮し疲れにくい性質）に変えていく必要があります。

| 強度の低いトレーニング | × | 長時間 | = | 改善が見られない |
| 強度が非常に高いトレーニング | × | 短時間 | = | 大きな力を発揮し疲れにくい筋肉へ |

20秒程度の全力トレーニングを10秒間の休息をはさんで行うようなインターバルトレーニングを行うと、大きな力を発揮しながら、疲れにくい筋肉になることが報告されています。ダラダラと長時間のトレーニングより、短時間で集中してトレーニングをしたほうが効果的です。

## Q4 運動で筋肉の中の糖質（グリコーゲン）はどれぐらい減るの？

筋肉を動かすためには、エネルギーとなる糖質が必要です。どれぐらい糖質が使われるかは、運動の強さによって異なります。

＊ここでいう全力とは酸素を取り込むことができる最大の量である最大酸素摂取量というものを指標にしています。全力の120%とは、酸素を取り込める最大量を超えたさらに高い強度での運動ということになります。

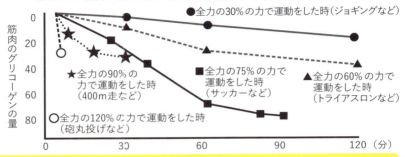

全力の120%、90%の強さの運動では、短時間しか運動を継続することができない。また、急激に筋肉の中のグリコーゲンが減少する。試合当日は、しっかりと糖質を補給することが大切!

## Q5 筋肉のグリコーゲンはどれくらいで回復するの？

通常は、運動後に十分な糖質をとれば、24時間後までにゆっくりと筋肉のグリコーゲンの量は回復します。しかし、しっかりとらないと十分に回復しません。

**運動終了後**

**2時間以内に糖質摂取**
2時間後に摂取したときよりも
- 45%早く回復
- 4時間後の筋グリコーゲン濃度が高い

**2時間後に糖質摂取**
2時間以内に摂取したときより
- 回復が遅い
- 4時間後の筋グリコーゲン濃度が低いまま

試合のときには、初戦が終わったら次の試合までに糖質を摂取したほうが、筋肉の中のグリコーゲンが早く回復します。胃に残らない、ゼリー状や液体のもので摂取しましょう。

## Q6 試合の何分前までに、糖質を摂取すればいいの？

運動の30〜60分前に多量の糖質を摂取すると、運動前の血糖が急激に低下し、パフォーマンスが低下することが報告されています。少量の糖質なら問題ありません。

このような現象を、インスリン・ショックといいます。試合の60分前までに糖質を摂取し、また試合の間隔が60分以上空く場合にも、消化の良い糖質を摂取しましょう。

## Q7 試合のために筋肉に糖質を蓄える方法ってあるの？

試合でバテないために、試合に向けて筋肉に糖質（グリコーゲン）を蓄えておく方法があります。それを、**グリコーゲン・ローディング**と言います。

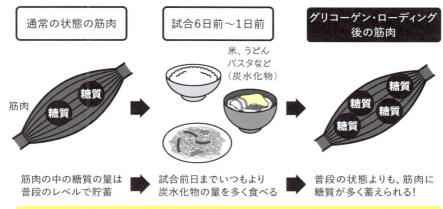

減量がある競技などで糖質を食べないと、いつもより早くバテる可能性があります。そのため、試合前はしっかりと炭水化物（糖質）を食べられるよう計画的な減量計画を立てましょう。

## Q8 具体的なグリコーゲン・ローディングの方法は？

グリコーゲン・ローディングには伝統的な方法と、改良された方法があります。普段の食事を変えるとコンディションを崩す可能性があるので、自分に合った方法で炭水化物を多く摂取しましょう。

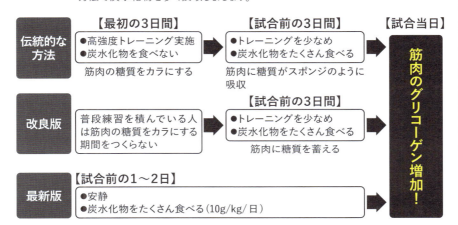

## スポーツ医学の基本 20

# 試合本番に疲れがピークで大後悔! どう防ぐ?
## ～オーバートレーニング症候群～

「強くなりたければ人の2倍、3倍努力しろ！」。確かに人と同じ努力量なら、素質の優れている人のほうが強くなるのは当然で、それ以上強くなろうと思えば、人と同じことをしていてはいけません。この言葉が意味する努力とは、人よりもよく考えて、自分の弱みや強みを分析することも含まれます。ただやみくもに同じ内容の練習を2倍、3倍量だけを増やせということではありません。

ヒトも生き物ですから、もし生物としての限界を超えて練習量だけを増やしていくと、慢性的な「疲れ」から抜け出せなくなります。

### 試合に向けてどんどん疲れがたまってくる?

大切な試合に向けて何ヵ月も練習をしてきたのに、大切な本番の試合で疲れがピークになってしまっては、自分の持っている最高のパフォーマンスを発揮することはできません。例えば、体重調整のためにごはんも十分に食べず、さらに休息もなく激しい練習やランニングなどを継続すると、疲労を回復できなくなってしまいます。

**トレーニングをすれば誰でも「機能的オーバーリーチング」という状態になります。ここでしっかりと回復できればいいのですが、さらに疲れがたまってくると精神的にも疲れ「非機能的オーバーリーチング」という状態になり、最終的には「オーバートレーニング症候群」となってしまいます。さらに、免疫力も落ち、病気にかかりやすくなるなど、スポーツ選手にとっては一大事です。**

【オーバートレーニング症候群とは】トレーニングをすると、一時的に体の機能が低下するとことを「オーバーリーチング」といいます。これが続くと、オーバートレーニング症候群につながります。

| 機能的オーバーリーチング | トレーニング後の一時的なつかれ<br>Functional Overreaching |
|---|---|
| 数日から数週間で回復 → | 超回復によって以前より向上 |
| ↓ しっかり回復させないと | |
| 非機能的オーバーリーチング | 中期的な体と心のつかれ<br>Non Functional Overreaching |
| 数週間から数ヵ月で回復 → | しっかり休めば元に戻る |
| ↓ しっかり回復させないと | |
| オーバートレーニング症候群 | 長期的な体・心のつかれ<br>Overtraining Syndrome |
| 非機能的オーバーリーチングが数ヵ月以上続く → | しっかり休んでもなかなか戻らない |

# これで納得！図解で学ぶ基本の

## Q1 オーバートレーニング症候群の症状は？

オーバートレーニング症候群は、マラソンのような競技（有酸素系）とラグビーや柔道のような大きな力発揮を要求される競技（有酸素系と無酸素系の複合）によって症状が異なることが多いようです。

競技力の低下 ＋

**大きな力発揮が必要な競技に多い症状**
- □ 眠れない
- □ すぐにイラつく
- □ 脈が早い
- □ 落ち着きがなくなる
- □ いつも焦りを感じる

交感神経優位型

**持久系競技に多い症状**
- □ いつも疲労感がある
- □ やる気がなくなる
- □ 気分が暗くなる
- □ 脈が遅くなる

副交感神経優位型

＋
- □ 食欲がない
- □ 体重が減る
- □ 集中できない
- □ 体がだるい
- □ 筋肉がこる
- □ 風邪を引きやすい
- □ 不安感がある

## Q2 オーバートレーニング症候群の原因は？

オーバートレーニング症候群の原因には、トレーニングの強さや量と回復のバランスがとれていないことに加え、人間関係などの外的な要因も影響してきます。

**オーバートレーニング症候群**

**精神的ストレス**
- □ 勝利への外部からの期待
- □ スポーツと関係ないストレス
  ・友達関係、家族関係など

**トレーニングの要因**
- □ トレーニング量の増加
- □ トレーニングによる回復期間がない
- □ いつも同じメニュー
- □ 急激なトレーニング量の増加
- □ 試合数の多さ

**コンディションの問題**
- □ 睡眠不足
- □ ごはんが食べられないことによるエネルギー不足
- □ 風邪などの感染症にかかっている

## Q3 オーバートレーニング症候群を予防するためには？

トレーニングも練習も、ただやればいいというものではありません。休息や栄養のことも考えて、体をしっかりと回復させてあげましょう。

- たくさんトレーニングをしたらしっかり糖質（炭水化物）を食べよう！
- 朝起きたとき、脈拍が早くなっていないか確認しよう。3日以上続くと要注意！
- 睡眠をしっかりとり、休息を心がけよう！
- 休息がとれるようにトレーニング内容を見直そう！

その他、お風呂にゆっくりつかるなどリラックスした時間もつくり、「練習するとき」「休むとき」のメリハリをつけましょう！

::インターバル・コラム::

> 体格差でレギュラーになれない!

> 筋トレしたら身長は伸びないの?

# やっぱり気になる『身長』のこと。

　技術では勝ててもフィジカルで勝てない。『中1の壁』——それは体格差です。どう背伸びしても負けてしまう。同じ年齢とは思えないくらい恵まれた体格の同級生がチームにいます。そんなとき、早生まれでまだ小学生のような体格の自分を恨み、「もうこのままフィジカルの差はうまらないんだろうか」「いくら技術を磨いて努力しても結局、体の大きい子からレギュラーになっていくんじゃないか」と悲観します。

　さらには、筋トレをしたら身長が伸びなくなるという噂を信じて、積極的に筋力トレーニングをすることを避けている人もいます。結果として、体づくりのタイミングを逃してしまい本末転倒となってしまう……。それほどにスポーツ選手にとって身長や体格の悩みは深刻なのです。では、どこまでが真実なのでしょうか。

　まずは1つ目の問題——「年齢による成長の違い」について解説していきます。日本では4月から次の年の3月（早生まれ）までが同じ学年になります。4月と早生まれの3月では、1年も違うわけですから当然、成長の差がみられます。さらには、早熟という骨の成長が早い人や、また晩熟という成長がゆっくりと進む人がいます。4月生まれの早熟の人と、3月早生まれの晩熟の人では、同じ学年でも最大3年も成長に差がある場合があります。

　大人になると、いずれ身長の差はなくなるのですが、成長期の皆さんにとっては一大事です。ですが、今、必ずしも背が低いからといって、嘆くことはありません。男子は12歳から15歳、女子は10歳から13歳の平均身長を掲載しました（表1）。自分の年齢と月齢から身長の平均値を見てください。そこから自分の身長が平均的なのかを確認することができます。右側には低身長の場合の目安の身長を示しました。もし、目安よりも低身長の場合は、悩まずに医師に相談してみるのもよいと思います。

表1

| 男子 | 12歳 | | 13歳 | | 14歳 | | 15歳 | |
|---|---|---|---|---|---|---|---|---|
| | 平均 | 目安 | 平均 | 目安 | 平均 | 目安 | 平均 | 目安 |
| 0ヶ月 | 149.1 | 133.9 | 156.5 | 140.2 | 162.8 | 148.6 | 167.1 | 154.7 |
| 5ヶ月 | 152.3 | 136.3 | 159.4 | 144.0 | 165.0 | 152.5 | 168.3 | 156.5 |
| 11ヶ月 | 156.9 | 140.1 | 162.3 | 147.9 | 166.8 | 154.4 | 169.2 | 157.6 |

| 女子 | 10歳 | | 11歳 | | 12歳 | | 13歳 | |
|---|---|---|---|---|---|---|---|---|
| | 平均 | 目安 | 平均 | 目安 | 平均 | 目安 | 平均 | 目安 |
| 0ヶ月 | 136.9 | 123.9 | 143.7 | 130.3 | 149.5 | 137.0 | 153.6 | 142.2 |
| 5ヶ月 | 139.7 | 126.3 | 146.5 | 133.1 | 151.7 | 139.7 | 154.9 | 144.1 |
| 11ヶ月 | 143.1 | 129.7 | 149.2 | 136.4 | 153.4 | 142.0 | 155.8 | 145.0 |

次に2つ目の問題——「筋トレと身長」について解説します。筋トレをすると身長が止まるということはありません。しかし、まだ身長が伸びる前に大人と同じような筋トレをしても、あまり効果的ではありません。人生の中で骨が最も伸びる時期であるPHV年齢頃から男性ホルモンが分泌されるため、PHV年齢を超えたころから筋トレを始めると、効果的に筋肉が発達し筋力も増してきます（ChapterⅠの03参照）。

一方、大人の体に近づいている人は筋肉がつきやすくなります。その場合、もうPHV年齢は過ぎているため急激に身長が伸びることはありません。つまり、筋トレで筋肉をつけてしまうと身長が止まるのではなく、その逆で筋肉がつきやすい時期の人は自然に身長が止まっていくということになります。

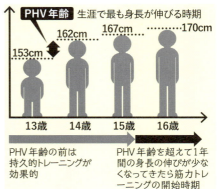

また、身長は遺伝に大きく影響しますが、睡眠や栄養状態にも関係します。成長期に睡眠が十分足りていないと、成長ホルモンの分泌が不安定になり、骨の成長に影響を及ぼします。「牛乳は身長を伸ばすのに効果的なのか？」ということもよく聞かれますが、研究結果から効果的であるようです。皆さんは朝に牛乳を飲む人が多いのですが、骨の成長には夜に飲むことがよいとされています。

成長期の皆さんは、自分の身長や体重に一喜一憂しがちですが、あまり神経質にならず、むしろ規則正しい生活とバランスの良い食事を心がけるようにし、十分に成長を促してあげてください。

## II 部位別のスポーツ医学 1

# 成長期特有の
# ケガってあるの?
## ～骨端症～

　身長は、成長期の中でも小学校高学年～中学生頃に最も伸びます。この時期をPHV（Peak Height Velocity）年齢と呼び、男子がおおよそ12.8歳、女子が10.6歳頃です。成長期は、骨がどんどん発育するのに対して、まだ骨密度が十分ではないため、中学校1～2年生頃に骨折の割合が高くなります。また、それぞれの骨の端にはこれから成長するための軟骨が存在します（骨端線）。この部分に引っ張られたり、ねじられたりするような無理な力が加わると、骨端線が引き離され、「骨端症」という成長期特有のケガにつながります。

### 成長期には柔軟性が乏しくなる?

　骨の発育に対して、筋肉や腱（筋肉が骨に付着する部分）の発育はゆっくりしているので、骨が伸びると筋肉はゴムのように引っ張られるようになり、常に緊張した状態となります。特に**PHV年齢前後1年は、最も筋肉が緊張した状態となり、柔軟性が乏しくなります。中でも下肢を中心とした大腿四頭筋、腸腰筋（ちょうようきん）、ハムストリング、下腿三頭筋は、この時期に最も柔軟性が乏しくなることが報告されています。**

　下肢の筋肉は、走る、蹴る、ジャンプするなど、スポーツ活動においては常に使用される筋肉です。骨もまだ大人のように硬くなっていないため、筋肉と骨の付着部に損傷を受けるかもしれません。また、大腿四頭筋、腸腰筋、ハムストリングは骨盤の周囲に付着している筋肉です。そのため、これらの筋肉が硬いと姿勢のバランスが崩れ、腰痛を引き起こす可能性が高くなります。日頃から十分にストレッチをして、成長期特有のケガや腰痛予防に努めましょう。

ストレッチを習慣化して
怪我や痛みの予防を

# これで納得！図解で学ぶ基本の

## 【代表的な成長期のケガ】

骨の成長が止まる時期は部位によって異なりますが、だいたい14〜18歳頃で、各部位の成長は止まります。

まだ骨の成長が終わっていない状態で、その部位に強い力が繰り返し加わると、骨端線（成長期の骨の軟骨部分）を損傷する（骨端症）ことがある。

## 【代表的な骨端症】

**肩**
**リトルリーガー肩**
小学校高学年〜中学生
繰り返し投球動作を行うことで上腕骨の骨端線に負担がかかり離れてしまった状態

**肘**
**野球肘**
小学校高学年〜中学生
成長期にボールを投げすぎることによって生じる肘の障害全般

**膝**
**オスグッドシュラッター病**
小学校高学年〜中学生
すね（脛骨）の最上部の骨と軟骨に痛みを伴う炎症が起きた状態

**踵**
**シーバー病**
小学校高学年
成長過程の小児においてかかとの骨（踵骨）の骨端線に炎症が起きた状態

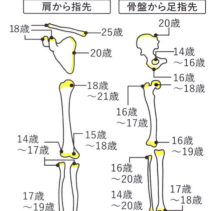

【骨の成長が止まる年齢】

## Q1 成長期に体は硬くなる？

成長期のうち、1年間の身長の伸びの割合が最も高い時期をPHV年齢（最大発育量年齢）と言います。平均で男子が12.8歳、女子が10.6歳頃で、男子は1年間に約8cm、女子は7cm伸びます。

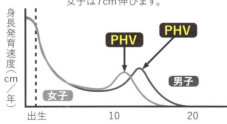

成長期特有の骨端症の多くは **PHV年齢前後** の1年間に集中して発症している。

PHV年齢時に硬くなる筋肉
・**大腿四頭筋（太もも前の浅部）**
・**下腿三頭筋（ふくらはぎ）**
・**ハムストリング（太ももの裏）**
・**腸腰筋（太ももの前の深部）**
の柔軟性が最大成長期に低下することが報告されている。

PHV年齢時には、特に下肢の筋肉の柔軟性が乏しくなります。成長期には、筋肉のストレッチなどで柔軟性を高めることが大切です。

**これで納得！図解で学ぶ基本の**

# Q2 成長期に特に必要なストレッチは？

成長期には、骨の伸びに筋肉の柔軟性が追い付かず、体が硬くなりがちです。日頃からスポーツを行う人は、ケガの予防のためにも十分にストレッチをしておきましょう。

●大腿四頭筋を伸ばす

足首を横に曲げないように注意する。後ろに寝転べない場合は、無理をしない。

●大腿四頭筋・腸腰筋を伸ばす

腰をしっかり前に出して太ももの前を意識する。

腰が曲がりがちなので、腰をしっかり前に出すようにする。

●ハムストリングを伸ばす

爪先を持つとひざが曲がる場合には、曲げた状態でよいので、徐々に伸ばすようにする。

できれば爪先をもち、お腹も出すようにする。

胸と太ももをつけ、足首を持つ。

できるだけ胸と太ももをつけたままひざを伸ばす。

●ふくらはぎを伸ばす

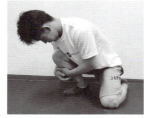

座った姿勢で足首を前に倒す。

腕立て伏せの姿勢で片足ずつ足首を伸ばす。

ストレッチボードや階段などの段差を用いて、足首を伸ばす。

> お風呂上がりに、それぞれのストレッチを30秒ずつ、週3回行うとよいでしょう。緊張した筋肉の柔軟性が高まるので、体の痛みも軽減されるだけではなく、悪い姿勢の改善にも有効です。

## II 部位別のスポーツ医学

## 2 頭を打ったときの正しい対処法は？
～脳震盪～

　近年、頭を打つことによる脳への影響について、アメリカンフットボール、ラグビー、サッカーの事例を中心に報告されています。特に、脳震盪ではラグビーの発生率が最も高いことが報告されており、次いで相撲やボクシングなどが続き、コンタクトスポーツや格闘技の割合が高くなっています。

　つい最近までは、多少頭を打ったとしても、重篤な場合を除いてすぐに競技に復帰をするようなケースが多かったように思います。なぜなら、何度も頭を打っている選手は、これまでの経験から頭を打つことは日常的なものであり、軽微なものととらえる傾向にあったからです。しかし、==何度も頭を打っていると、将来の認知機能（物覚えや判断力など）の低下や、場合によっては重篤な脳障害をきたすことが分かってきました。==そのため、競技の中で頭を打った選手がいた場合は、選手本人の意思に任せるのではなく、周囲が重症である可能性を視野に入れて対応することが大切です。

### 脳震盪（のうしんとう）っていったい何だ？

　==脳震盪とは、頭を何かにぶつけるなどして、脳に対して一時的に強い力が加わることで、脳が揺さぶられ頭痛や一時的な記憶喪失などさまざまな症状を引き起こすものを指します。==すべてのスポーツにおいて脳震盪の危険性はあり、相手と接触のあるスポーツでは、全体の19％の選手が1年間に1度は脳震盪を経験すると報告されています。近年では、サッカーのヘディング程度の衝撃でも、長期間何度も繰り返されることで、将来認知症のリスクが普通の人よりも3.5倍高くなるとの報告があるなど、頭部への衝撃についての注意が促されています。

　==頭を打ったときは、たとえ自分自身で練習や試合を続けられると思っても、本人の判断に委ねてはいけません。また、チームのメンバーも「頭を打ったぐらいで、たいしたことないだろう」という感覚は捨て、チーム全員がその危険性について理解し対応するようにしましょう。==

## 図解で学ぶ基本の き

**【脳震盪の症状】** 頭を打つとさまざまな症状が引き起こされます。頭を打った人が感じる代表的な症状を以下に示します。

| | | | | | | |
|---|---|---|---|---|---|---|
| ① | 頭痛 | 92.2% | ⑩ | 視力の低下 | | 29.3% |
| ② | めまい | 68.9% | ⑪ | 眠れない | | 22.5% |
| ③ | 集中力低下 | 58.3% | ⑫ | 怒りやすくなる | | 15.2% |
| ④ | 光がまぶしく感じる | 49.1% | ⑬ | 頭を打った後のことを覚えていない | | 13.9% |
| ⑤ | バランスがとれない | 36.7% | ⑭ | 頭を打つ前のことを覚えていない | | 9.8% |
| ⑥ | 今何をしているか分からない | 32.3% | ⑮ | 耳鳴り | | 8.8% |
| ⑦ | 吐き気、嘔吐（吐く） | 31.1% | ⑯ | 意識障害 | | 5.6% |
| ⑧ | 音がうるさく感じる | 30.9% | ⑰ | 興奮しやすい | | 4.1% |
| ⑨ | 眠気 | 30.1% | | | | |

これらの症状を感じた人のうち、60.1％は1週間以内に、症状が無くなっているのですが、6.2％の人は、4週間経っても症状が治まらないと報告されており、必ずしもすぐに症状が治まるわけではありません。

## Q1 脳震盪は、慣れてくるって本当？

頭を何度も打っていると、すぐに症状が治まることがあるので、こんなものかと軽く考えがちです。脳震盪は慣れるどころか、危険性が増すので安易な判断は禁物です！

**脳震盪は、慣れてくる？**
「前、大丈夫だったから、今回も大丈夫」ではない！

脳震盪を起こした選手は、経験したことがない人よりも3〜7倍脳震盪を起こしやすくなり、脳への障害の危険性が高くなる。

**脳震盪では、意識を失う？**
「気を失っていないから、大丈夫」ではない！

脳震盪では、必ずしも意識を失ったりするわけではなく、ほとんどの場合は意識を失わない。

**回復は、高校生も大人も同じ？**
「若いから早く回復する」ではない！

子どもや若い人は、一般成人よりも回復に時間がかかることが報告されている。

## Q2 なぜ、頭を打った後、練習に参加してはいけないの?

頭を強く打ったのにもかかわらず、回復しないまま参加し再度頭を打つと脳への後遺症を残すことがあります。

### セカンドインパクト・シンドローム
second impact syndrome

1回目脳震盪 → 2回目脳震盪 → 重篤な脳障害

十分に回復しないまま復帰し、2回目の頭部打撲

30〜50%が死亡

1回目の脳震盪から回復しないままさらに頭を打つと、軽い衝撃でも重篤な症状を引き起こします。そのため、脳震盪からの復帰は、医師の指示に従い十分な管理のもと行う必要があります。

## Q3 脳震盪には、どのように対応すればよい?

頭を強く打ったときは、我慢すればすぐに競技復帰できると思っても、必ずプレーから外れましょう。自分や周囲の人が脳震盪の程度を判断してはいけません。

**STEP 1** 練習や試合から選手を外す
- 本人が望んでもプレーには戻さない。

**STEP 2** RED FLAGS で症状を確認する
- 一つでも症状がみられたら救急車を呼ぶ。

**STEP 3** 今の状態を確認する
- 今の症状や、頭を打った状況、時刻をメモしておく。

**STEP 4** 脳神経外科医に診てもらう
- 指導者や保護者であっても重症度を判断してはならない。

**STEP 5** 保護者に状況説明する
- 現在の状況、帰宅後の注意点を説明する。

### RED FLAGS
- ☐ 首の痛み、首の圧痛
- ☐ 二重に見える
- ☐ 手足の脱力、しびれ、チクチク痛い
- ☐ 強い頭痛がひどくなる
- ☐ 発作やけいれん
- ☐ 意識消失  ☐ 意識障害  ☐ 嘔吐
- ☐ 落ち着きがなくなる / 興奮状態・かんしゃく

このような症状が1つでもみられたら脳震盪より重い損傷の危険があるので、すぐに救急車を呼ぶ。

### 帰宅後

帰宅後は身体や脳に負担をかけない
【以下のことを禁止】
- ☐ 運動  ☐ テレビ、スマホ、ゲーム
- ☐ 勉強  ☐ 入浴(シャワー可)

帰宅後は、選手を一人にしないよう誰かが見守るようにしましょう。

## II 部位別のスポーツ医学

## 3 首のケガを予防する方法ってあるの？
～頸部の外傷～

　頸部の外傷は、ラグビー、柔道、体操、水泳など、コンタクトスポーツや落下を伴う競技種目で報告されています。中学生や高校生の試合を見ていると、「危ない！」と思うシーンに遭遇することがあります。多くの場合、危険な姿勢やフォームを本人自身が気づかずに行っているようです。中学生の場合は、まだ筋肉の発達途上のため、まずは首のケガをしないための姿勢やフォームをしっかりと身につけることが大切です。そして、筋力トレーニング開始時期になったら、しっかりと首のトレーニングをして、自分の体を守りましょう。

### なぜ、首のケガが危ないの？

　==首は、7つの骨（頸椎：けいつい）で構成されています。骨の中心部には、脊髄（せきずい）と呼ばれる脳から体に指令を出す神経が通っています。その脊髄を損傷してしまうと、体に脳からの指令が伝わらなくなってしまいます。==

　特に、頸椎の上のほうにある神経は、生命の維持に関わります。例えば、第3頸椎の上から出ている第3頸髄（けいずい）を損傷してしまうと、自分で呼吸することができなくなるのです。==競技スポーツでは、第3頸椎から第7頸椎の間で骨折、脱臼、捻挫が多く、そこにある神経を傷つけてしまうことがあります。==これらの神経を傷つけてしまうと、呼吸はできても下半身がまひした状態など、体に障がいを残してしまうことがあります。とにかく、首のケガは予防が第一です。

### 【首の骨（頸椎）の役割】

首の骨（頸椎）は7個の骨からなり、上から順番に第1頸椎、第2頸椎……、第7頸椎と呼ばれています。各頸椎の間から体をコントロールするための神経（頸髄）が出ています。

首の外傷でも骨の損傷か神経の損傷かで名称が異なります。

==骨の損傷　　：頸椎損傷==
==神経の損傷：頸髄損傷==

また、それぞれの神経は手の指を動かす…など役割が決まっています。もし神経を損傷すると、その神経が支配している部位が動かなくなるなどの問題が生じます。

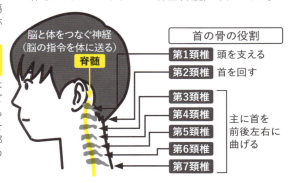

首の骨の役割
- 第1頸椎　頭を支える
- 第2頸椎　首を回す
- 第3頸椎
- 第4頸椎
- 第5頸椎　主に首を前後左右に曲げる
- 第6頸椎
- 第7頸椎

# これで納得！ 図解で学ぶ基本の

## Q1 危険な姿勢にならないようなトレーニングは？

首のケガを引き起こしそうな人は、普段の動きからそのような姿勢をしていることがあります。簡単な動きから始め、自然に正しい姿勢を保てるようにしましょう。

### 縦位置でのパワーポジション

まずは、パワーポジションの姿勢を覚える。さまざまな動きの中で、常にこの姿勢が保てるように意識する。

◀横から見た姿勢
- 背中を丸めない
- あごが上がりすぎず、引きすぎず

▲前から見た姿勢
- ひざが内側に入らない
- 爪先はまっすぐ

### 横位置でのパワーポジション

① 首、背中を意識し壁を押す。

② ①の姿勢のまま足を動かす。

正しい姿勢を保つには、脳から必要な筋肉に力を入れるように指令を出す必要があります。最初は難しいのですが、徐々に脳と筋肉の神経がつながり、動きの中でも自然にできるようになっていきます。

## Q2 万が一のための首の強化方法は？

中学生は、危険な姿勢にならない体勢をつくること。次に、もし不意な状況になったときのために高校生以上は、首を守るための筋力を強化しておく必要があります。

### ネックハーネスを利用

前後左右行う。降ろすときも力をゆるめない。

### ダンベルを利用

首をすくめるように行う。（シュラッグ）

### パートナーで行う

パートナーに頭部を押してもらう。前後左右行う。戻すときも力をゆるめない。

寝ころんだまま首・体幹に力を入れ持ち上げてもらう。最初は低い位置から行う。

首の筋力強化は、いざという時に首を守る重要なプロテクターになります。短い時間でよいので、週に3回以上は実施しましょう。

## Q3 首のケガが疑われる場合には？

首のケガが発生しやすい状況は、首が極端に前に曲がった状態か、逆に後ろに反った状態で、地面などに衝突した場合などです。頭を強く打った場合などは、首のケガを疑って、**むやみに首を動かさないようにしましょう。**

| 確認① | 呼吸をしているか？ | NO ▶ | 心肺蘇生・AEDの準備・救急車を呼ぶ |
|---|---|---|---|
| | YES ⬇ | | |
| 確認② | 意識があるか？ | NO ▶ | 救急車呼んで待つ |
| | YES ⬇ | | |
| 確認③ | 手足が動かせるか？ | NO ▶ | 動かさないで救急車を呼ぶ |
| | YES ▶ | | 病院を受診 |

# II 部位別のスポーツ医学 4

# 肩のケガを予防する動きのトレーニングは？
## ～肩のインナーマッスル～

　肩の関節は、柔軟性が高くいろいろな方向に動きます。かといって、どの方向にも自由に動くというわけではなく、ケガをしにくい安全な動きとそうでない動きがあります。肩は、あらゆるスポーツで重要な働きをしますが、特にボールを投げたり、バレーボールのサーブをしたり、腕を肩の上まで挙げるような動作では、ケガの観点からも肩の構造とその動きのメカニズムとを理解しておく必要があります。ケガをしないような動きを身に付け、そして肩を守るような筋肉をつけることが大切です。

### 肩の関節は、実はぐらぐら？

　肩の関節は、がっちりと固定されているわけではありません。実は、背中で触ることができる肩甲骨（けんこうこつ）に腕の骨（上腕骨）がぶら下がっているようなイメージです。その上腕骨をゆるやかに肩甲骨に固定するのがインナーマッスル（深層にある筋肉）です。もし、このインナーマッスルが必要以上にゆるかったり力が弱いと、腕を動かしたときに肩をしっかりと固定できず、肩がずれるような感覚や痛みを感じることがあります。

　一方、腕を力強く動かす筋肉は、アウターマッスル（表層の筋肉）です。このアウターマッスルを十分に働かせるには、肩をしっかりと固定するインナーマッスルの役割が重要になるのです。そのため、肩のトレーニングでは、三角筋などのアウターマッスルばかりではなく、腱板（ローテーターカフ）と呼ばれるインナーマッスルも意識して鍛えましょう。

【アウター、インナーマッスルの役割】

| インナーマッスルがしっかり働いている | インナーマッスルの筋力が弱いと |
|---|---|
| 腕の骨が肩甲骨に固定 | 肩から腕の骨がずれる！ |

**アウターマッスル**
大きな力を発揮する肩の筋肉。外側の筋肉なのでアウターマッスルという。

鎖骨
肩甲骨
上腕骨

**インナーマッスル**
腕の骨がずれないように、しっかりと関節を固定する。内側にある筋肉なのでインナーマッスルという。

ポロッ

大きな力を発揮するためには肩のアウターマッスルを鍛えなければなりませんが、腕をしっかりと固定するためのインナーマッスルも鍛えないとケガにつながります。

# これで納得！ 図解で学ぶ基本の き

## Q1 肩と肘に安全な肩の位置って？

実は肩にとって、最も安全で一番能力を発揮できるポジションがあります。それが、ゼロポジションです。この肩の位置は、ボールを投げるときなどすべての基本になります。

### 肩が最も安定するゼロポジション

前から見たとき / 約130°

横から見たとき / 30°〜45° / 上から見たとき

ちょうどガッツポーズをしたときの位置が、ゼロポジションです。すべてのインナーマッスルが働いて腕を固定しています。

### ゼロポジションでも手首の動きで肘が動く範囲が全然違う！

手のひらを外に向ける
→ 肘が後ろにいかない
→ **肘を痛めやすい！**

手のひらを内側に巻き込む
→ 肘が後ろまで曲がる！
→ **肩・肘の可動域が大きくなる！**

## Q2 肩のインナーマッスルを鍛えるトレーニングは？

インナーマッスルは、肩を守る立役者。ケガ予防のためにも積極的にトレーニングを行い、トレーニング中に肩の中が熱くなるような感覚を覚えましょう。

【方法】
重さ：20回以上できるもの
回数：15〜20回×2〜3セット

### エクスターナルローテーション
鍛える筋：棘下筋・小円筋

① 横になり、上側の手でダンベルを持つ。
② 脇を締めた状態で上に挙げる。
③ 1秒静止したら元に戻す。

### インターナルローテーション
鍛える筋：肩甲下筋

① 横になり、下側の手でダンベルを持つ。
② 脇を締めた状態で上に挙げる。
③ 1秒静止したら元に戻す。

### エンプティカンエクササイズ
鍛える筋：棘上筋

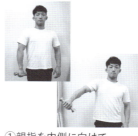

① 親指を内側に向けてダンベルを持つ。
② 真横ではなくゼロポジションの軌道で動かす。
③ 45°まで挙げたら1秒静止して元に戻す。

# II 部位別のスポーツ医学

## 5 肩がはずれやすいポジションってあるの？
～肩関節脱臼～

　スポーツ選手の中には、「肩がいつもはずれそうで怖い」「日常生活でも肩がはずれる」といった不安を抱えている人が少なくありません。一度、肩関節を脱臼（骨が外れる）したのにもかかわらず、すぐに元に戻ったからといって甘く考えていると、肩関節の不安定感を引き起こします。そのため、肩がどのような位置になったときにはずれやすいのか、また、そのような姿勢にならないためにはどうすればいいのか、普段の練習の中で考えてトレーニングをする必要があります。

### 肩関節にははずれやすい方向がある

　スポーツにおける肩関節脱臼は、腕の骨が肩の前方（肩関節前方脱臼）にズレてしまうものが多く報告されています。下の写真のように、腕を90°にあげて、肩が前に押し出されるような動作をしたときに最もはずれやすい姿勢になります。ラグビー、アメリカンフットボールのタックルや柔道の背負い投げなど、腕が肩よりも後ろに持っていかれるような姿勢で発生します。スキーやスノーボード、野球のヘッド・スライディングでも報告されています。

　練習や試合中に肩が脱臼、もしくは、はずれそうになったと感じたときは、最初の対応が肝心です。関節の中の軟骨などが傷ついていないかなど、医師にしっかりと診察してもらいましょう。

【肩関節脱臼の種類】　肩の脱臼で多いのが前方脱臼です。右の写真のように肩が前に出て、腕が後ろに引っ張られるような姿勢のときに生じます。

【腕の骨がはずれる方向】

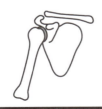

正常

腕の骨が肩甲骨にはまっている。

前方脱臼

腕の骨が肩甲骨から前にはずれる。

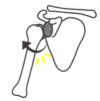

後方脱臼

腕の骨が肩甲骨から後ろにはずれる。

# これで納得！図解で学ぶ基本の き

## Q1 肩関節前方のずれを予防するためのテーピング方法は？

肩前面に貼るときには、伸縮テープをしっかり引っ張って貼るようにしましょう。

【使用するテープ】
- 50mmの非伸縮ホワイトテープ
- 75mmの伸縮テープ

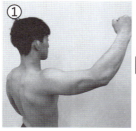

① 腕を30°くらい前に出して力を入れておく。

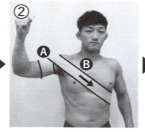

② Ⓐのところで腕に1周巻き、Ⓑで肩前方を引っ張る。

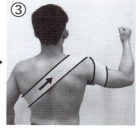

③ 後ろから肩の前方に引っ張る。

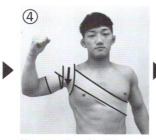

④ 脇の下にガーゼなどをはさみ、真下に引っ張る。

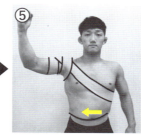

⑤ 背中側からへその下を通って1周巻きつける。息苦しくないよう注意。

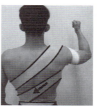

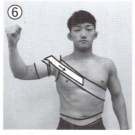

⑥ 非伸縮のホワイトテープで、腕の後ろから肩前面にテープを貼る。

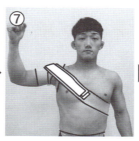

⑦ 非伸縮のホワイトテープで、さらに肩前面に2本テープを貼る。

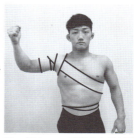

①〜⑤までの手順をもう1回行って完成。

# Q2 肩関節前方脱臼に対するリハビリテーションは？

医師、理学療法士、アスレティックトレーナーの指示のもと、復帰に向けて段階的にリハビリテーションを行いましょう。ここでは、復帰に向けたトレーニングを紹介します。

### STEP1 柔軟性を得る！

肩の下の部分を伸ばす。

肩の前の部分を伸ばす。

肩をぶらぶら振る。

### STEP2 肩を固定する！
**インナーマッスル**

ゴムを斜め上に引く。

ゴムを体の外側に引く。

ゴムを体のほうに引く。

### STEP3 いろんな動きの中で肩を固定する！

ゴムを握ったまま肩を固定する。パートナーがいろんな方向に動かしても固定したままにする。

バランスディスクの上で、左右に動かす。

### STEP4 筋力をつける！
**アウターマッスル**

①鍛える肩を下にする。

②そのまま前に倒す。

①鍛える側の腕を前に出す。

②しっかり引きつける。

### STEP5 スピードを上げる！

ボールを壁に投げる。

### STEP6 衝撃に耐える！

落としたボールをキャッチする。

## II 部位別のスポーツ医学

# 6 コンタクトスポーツ（ラグビーや柔道など）に多い肩のケガは何？
## ～肩鎖関節損傷～

　コンタクトスポーツの代表的な肩のケガに肩鎖関節（けんさかんせつ）損傷があります。また、スノーボードや自転車競技などで転倒した際、地面に肩を強打したときにも発生します。**肩鎖関節を損傷すると、肩と鎖骨のつなぎ目がポコッと飛び出た状態になるため、初めて見るとびっくりする人も多いでしょう。** 小学生は、まだ骨が弱いため転倒すると鎖骨が折れてしまうケースも多いのですが、年齢とともに体ができ上がってくると骨は折れずに肩鎖関節がずれて靱帯が損傷します。

### コンタクトスポーツでは頻度の高い肩のケガ

　普通の生活をしていると、肩鎖関節損傷という名称を聞くのは稀かもしれません。しかし、ラグビー、アメリカンフットボール、柔道などのコンタクトスポーツでは、最も多い肩のケガの一つです。地面に激突して、特に肩鎖関節部分に不自然なでっぱりなどがない場合、普通の人は単なる打撲かな？と思うかもしれません。しかし、肩鎖関節を損傷した場合、腕や肩を動かすと痛みが出る上に、打撲と異なり数日では痛みがなくならないので、肩を強打した場合には、自分で判断せず医師に診てもらうことが早期復帰の近道です。

　**肩鎖関節損傷は、靱帯の損傷の程度によってレベル分けされます。軽症は捻挫（靱帯損傷）、中等症は亜脱臼（完全ではないが少し骨がずれた状態）、重症は鎖骨が完全に外れるので脱臼と言われます。**

### 【肩鎖関節損傷の重症度】

肩の横から地面や床に倒れたときに、鎖骨と肩峰のつなぎ目に大きな力が加わり、鎖骨を固定する靱帯が損傷します。

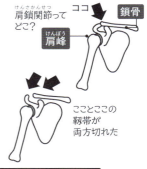

肩鎖関節ってどこ？　鎖骨／肩峰（けんぽう）

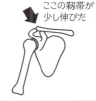

ここの靱帯が少し伸びた

**軽症（I度）：捻挫**

肩峰と鎖骨をつなぐ靱帯が少し伸びた（痛めた）状態。

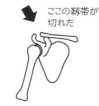

ここの靱帯が切れた

**中等症（II度）：亜脱臼**

肩峰と鎖骨をつなぐ靱帯が切れて、ポコッと鎖骨の外側が浮いた状態。

こことここの靱帯が両方切れた

**重症（III度）：脱臼**

肩峰と鎖骨をつなぐ靱帯が切れ、さらに鎖骨がはずれないようにする靱帯も切れる。

# Q1 肩鎖関節損傷のテーピングの方法は？

肩鎖関節の動きが小さくなるように、鎖骨はしっかりと体幹のほうに押し下げて、上腕は肩のほうに引っ張り上げて固定するよう意識しましょう。

【使用するテープ】
75mmの伸縮テープ

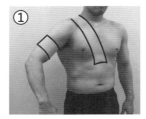

① 上腕の太い部分と、背中から胸の前に向かって下地を貼る。少し脇を空け、肘を90°曲げたところからスタート。

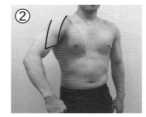

② 上腕の前から腕を肩に引き上げるように引っ張って貼る。

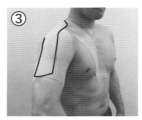

③ 上腕の横から②と同様に腕を引っ張るように貼る。

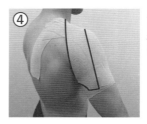

④ 上腕の後ろ側から①②と同様に腕を引っ張るように貼る。

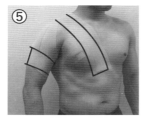

⑤ 上腕部に巻いて、テーピングの端を留める。鎖骨をしっかり下げながら、胸と背中で留める。乳首のところは、ガーゼや絆創膏で保護する。

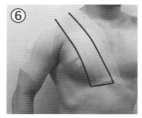

⑥ 同様に、テープを重ねつつ鎖骨を下げながら、胸と背中で留める。

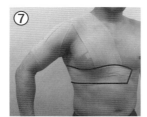

⑦ テープの端が剥がれないように留める。完成。

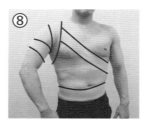

⑧ 肩関節前方脱臼予防のテーピングで仕上げると、より固定力が増す。

# Q2 肩鎖関節損傷復帰のための肩の動きのトレーニングは？

肩鎖関節を損傷すると、痛みのために肩を動かすことができません。しばらく動きを制限していると肩の可動域が小さくなるので、痛みがなくなったら肩の動きを回復させるトレーニングから始めましょう。

### 痛みのチェック

この動きで痛みがなくなってきたら徐々に肩の動きを回復させよう！

頭の後ろで肩を引く。

胸の前で肩を伸ばす。

### STEP1 肩甲骨の動きの分解

それぞれ、5秒×5回ずつ行う。

肩甲骨を外側に大きく開くようにする。

肩甲骨を内側に寄せるようにする。

肩甲骨を上に引き上げるようにする。

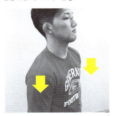
肩甲骨を下に引き下げるようにする。

肩甲骨を斜め上に引き上げるようにする。

肩甲骨を斜め下に引き下げるようにする。

### STEP2 肩甲骨回し

痛みのない範囲で、大きく肩甲骨を回す。前回し、後ろ回しを5回ずつ行う。

# II 部位別のスポーツ医学

## 7 肩の動きの悪さは腰痛の原因にもなる？
～肩甲骨の動き～

　近年、スポーツ界では肩甲骨を含めた、肩の動きがとても大切であることが一般的な考え方になってきました。肩の動きが悪いだけで軸がぶれたり、場合によっては腰を痛めてしまったりすることもあるからです。しかし、中学・高校の部活動で、肩周辺の動きを改善するストレッチやトレーニングを意識的に行っているところは、残念ながらそれほど多くないようです。

### 肩の動きは肩甲骨の動きとつながっている

　背中の左右にポコッと浮き出ている翼のような三角形をした骨が肩甲骨です。実は、この肩甲骨の動きが、肩の動きにはとても大切で、肩甲骨の動きが悪いと、肩関節や腰を痛めることがあります。イラストのように、腕を上に挙げていくと、腕の骨の動きに合わせて肩甲骨も動いていきます。もし、肩甲骨の動きが悪いと、腕を上まで挙げようとしても、肩甲骨の動きに制限されて挙がりません。その結果、背骨を曲げることで肩甲骨の動きを補い、腕を上に挙げようとします。

　このように肩甲骨の動きが悪いと、走っているときも腕を振るたびに背骨が左右に動き、軸がぶれてしまいます。これは、さまざまなスポーツにも当てはまり、もし肩や腰に痛みがあるのであれば、肩甲骨の動きは十分かどうか、確認しておくとよいでしょう。

### 【肩と肩甲骨の動き】

腕を上に挙げると、肩甲骨も一緒に動きます。肩甲骨の動きが悪いと、腕がスムーズに挙がらないので、背骨を曲げて腕を挙げようとします。その結果、背骨に負担がかかります。

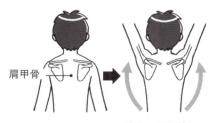

肩甲骨

腕を上に挙げると
肩甲骨も一緒に動く

**肩甲骨の動きがよい**
肩甲骨の動きがよいと背骨は曲がらずに腕を上に挙げることができる。

**肩甲骨の動きが悪い**
肩甲骨の動きが悪いと背骨を曲げることで腕を上に挙げようとする。
⇒背骨に負担がかかる。

# 図解で学ぶ基本の

## 下の姿勢をやってみよう！できればOK！

### Check 1

【正面】
手の平を前にして真っすぐ上に挙げる。

【側面】
耳の横まで、腕を真っすぐに挙げる。

肩甲骨の動きが悪く背骨が反ってしまう。

### Check 2

【正面】
ひざ、足、腕が平行になるようにする。

【側面】
太ももが床と平行になるまで下げ、背中と腕が真っすぐになるようにする。

肩甲骨の動きが悪く、背骨が反ってしまう。

肩甲骨の動きが悪く、腰が曲がってしまう。

## これで納得！図解で学ぶ基本の

## ■床の上での肩甲骨のスタティックストレッチ

お風呂上りなどに、それぞれの種目を30秒、3セットを週3回程度行いましょう。

① ひざを曲げた姿勢で座り、腕を後ろに着く。ひざを左右に動かす。

床の上で、腕を横に開き大胸筋を伸ばす。

あぐらをかいて、手のひらを床に着けて、背中を伸ばす。

② ①と同様にゆっくりと左右に動かす。10～20回繰り返す。

床の上で、腕を体の前にもってきて、背中を伸ばす。

手の甲を背中につけ、反対側の手で前に引っ張る。

① 背中を丸めて肩甲骨が外に広がっていくように意識する。

① 肩甲骨が外に広がるよう意識しながら腕を前で閉じる。10秒キープ。

① 両手を前に突き出し、背中を丸める。10秒キープする。

② 肩甲骨を寄せるようにしながら背中を反らす。①、②を10回繰り返す。

② 肩甲骨を寄せるようにしながら胸を大きく開く。10秒キープ。①、②を3～5回繰り返す。

② 肩甲骨を寄せるように腕を大きく開く。10秒キープする。①、②を3～5回繰り返す。

## ■タオルを用いた肩甲骨のダイナミックストレッチ

タオルや棒を用いると、効果的に肩甲骨の柔軟性を獲得できる。

背中の後ろでタオルを握り、上下に動かす。左右10回ずつ行う。

① タオルの両端を持ち、ゆっくり後ろに下げていく。

① タオルの両端を持つ。幅が狭すぎないように注意する。

② 背中でタオルの両端を持ち前後に動かす。20回行う。

② 後ろまで来たら10秒キープ。3〜5セット行う。

② 下にゆっくり下げ、10秒キープする。3〜5セット行う。

## ■肩甲骨の複合運動を取り入れたダイナミックストレッチ

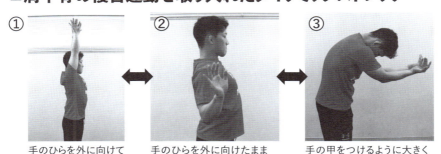

① 手のひらを外に向けて腕を上に挙げる。

② 手のひらを外に向けたまま腕を下に下げる。

③ 手の甲をつけるように大きく腕を伸ばす。

①⇒②⇒③⇒②⇒①を1セットとして、10セット行う。腕の動きではなく、肩甲骨の動きを意識して行うこと。

## II 部位別のスポーツ医学 8

# 手をついたときに肘がグキッ! 骨が折れた!?
## ～肘内側側副靭帯損傷～

どのようなスポーツでも発生する可能性があるのですが、転倒したときに地面に手をついたり、例えば柔道では肘への関節技を掛けられたときに、肘の内側の靭帯を損傷することがあります。また、一度の強い力で損傷するのではなく、野球やハンドボールなど、ボールを繰り返し投げることで、肘の内側に痛みを感じる場合もあります。このような場合、一度の投球動作で靭帯が完全に切れることはありませんが、度重なる小さな損傷がやがて大きな損傷となって、最終的には断裂してしまいます。

ここでは、肘の内側側副靭帯（ないそくそくふくじんたい）を損傷してしまったときのテーピングと、その後の対応について説明します。

### 肘関節の靭帯損傷はしっかり治そう!

肘は、内側と外側にある側副靭帯で固定されています。内側の靭帯の損傷は、肘の内側に負荷がかかるような動きで損傷します。**肘はあらゆるスポーツでとても重要な役割をしており、特に野球のピッチャーの場合、肘を痛めることは選手生命にかかわる問題です。やっかいなのは、肘の靭帯損傷は、しっかり治さないと痛みが長引くばかりではなく、腕の曲げ・伸ばしの動きが制限されてしまうこともあるのです。**

肘関節がゆるんだ状態で、肘を使っていると今度は肘の外側の骨が衝突し、骨までも損傷してしまいます。そのため、肘の靭帯を痛めてしまった場合には、しっかりと治してから肘を使う動作を行う必要があります。

### 【肘内側側副靭帯損傷とは】

肘の内側を固定する内側副靭帯の損傷は、一度の力で損傷してしまう場合と、肘に負担のかかるような動作を繰り返すことで、損傷する場合とがあります。損傷の程度によってI度（軽症）～III度（重症）に分類されます。

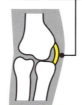

肘内側側副靭帯

肘が反対側に向いたり、休みなく投球動作を繰り返すと肘内側側副靭帯が損傷する。

#### I度（軽症）
軽微な靭帯線維断裂
軽い腫れ、出血、軽い痛み
関節の不安定性はない。

#### II度（中等症）
明らかな部分断裂
腫れ、出血、痛みは中程度
関節の軽い不安定性。

#### III度（重症）
完全断裂
著しい出血、腫れ、痛み
著しい関節の不安定性。

# 図解で学ぶ基本の き

**【使用するテープ】**
- アンダーラップ
- 50mmの伸縮テープ
- 50mmのハンディカット伸縮テープ

## Q1 肘内側側副靱帯損傷に対するテーピング方法は？

テーピングを巻いてもらう人は、常に腕の筋肉に力を入れておき、実際に動かして力こぶができたときに、テーピングで腕が圧迫されないようにしましょう。

### ①

アンダーラップを手首側から肩の方向へ巻いていく。その後、アンダーラップの端を50mmの伸縮テープを使って留める。

### ②

前腕の方から、押したら痛い点を中心に貼り、上腕部で留める。

### ③

②で貼ったテープと交差するように貼る。

### ④

②③で重なっている中央部を通って真っすぐ前腕から上腕へ貼る。

### ⑤

痛みの程度によって②〜④を2回から3回繰り返し、最後に前腕部と上腕部で留める。

### ⑥

50mmのハンディカットテープを使って腕全体を覆う。通常の伸縮テープを使うと、より固定力が高まる。

### ⑦

肘の真ん中を斜めに横切って、上腕の方へ巻いていく。

### ⑧

上腕で1周巻いたら、再び肘の中央を通って前腕に向かって巻いていく。

### ⑨

再び上腕の方へ巻いていき、上腕部で留める。

## Q2 可動域が小さくなった肘を元に戻すには？

靱帯損傷後、動かさないで固定したままにしておくと、筋肉が硬くなり肘の曲げ・伸ばしの範囲が小さくなります。そのため、以下のPNFストレッチを利用して、肘の可動域を広げましょう。

肘を矢印の方向へ伸ばすように力を入れる。反対側の手で、肘が伸びないように抵抗する。

肘を矢印の方向へ曲げるように力を入れる。反対側の手で、肘が曲がらないように抵抗する。

**5秒間ずつ5セット実施する**

## Q3 競技動作を行ってよいタイミングは？

肘に痛みがあるのに肘を使う動作をしてしまうと、さらに炎症がひどくなり、なかなか治りません。そのため、以下のチェックで痛みがなくなったら、軽い動作から始めましょう。

### ①

肘を曲げて肩の位置まで持ってくる。

### ②
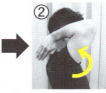
①の姿勢から、徐々に肘を上に挙げていく。このとき、痛みがないようであれば、軽い動作から始めても良い。

# Ⅱ 部位別のスポーツ医学 9

## ボールを投げる動作をするときに肘の後ろが痛い！
### ～肘関節後方障害～

　投球動作や肘を頻繁に使用するスポーツの場合、成長期の小学生や中学生の比較的高い割合で、肘関節に何らかの痛みを訴える人が多いようです。野球のピッチャーや、あるいは柔道で背負い投げを得意技としている選手の肘に起こることがあり、激痛で力が入らないと訴えることもあります。

　特に成長期である中学生は、まだ骨が大人と同じようにでき上がっていないので、ひとたび痛めてしまうと将来の肘の機能に悪影響を及ぼすことがあります。ここでは、肘関節の後ろのほうが痛い場合のテーピングについて説明します。

### 成長期の肘はもろい！ 肘を守ってあげよう

　**成長期は、まだ骨の一部が完全に結合しているわけではなく、強い力が加わると、骨が変形する可能性があります。そのため、野球では中学生の1週間の投球数は350球と定められており、それ以上ボールを投げてはいけないことになっています（全日本軟式野球連盟2020年）**。特に小学生や中学生、高校生に肘関節後方障害（肘関節の後ろの部分の障害の総称）が見られます。これには、変形性関節症（骨同士がぶつかり変形している）や肘頭骨端線障害（成長期に存在する、まだ骨が結合していない部分の損傷）が含まれ、肘への繰り返される曲げ・伸ばしの力によって生じます。

　**成長期の肘は、とにかく完全に大人と同じ骨になるまで守ってあげること。そのためには、肘を痛めないようにしっかりとケアし、何らかの痛みが生じた場合には安静を心がけるようにしましょう。**

【肘関節後方障害とは】

**骨棘骨折（こつきょくこっせつ）**
肘の曲げ伸ばしを繰り返すと、肘関節の後ろの骨同士がぶつかり、棘（とげ）のような小さな骨が形成されます。それが、さらにぶつかって骨折したものです。このときの骨のかけらが、肘の中でコロコロと動き回るものを「関節ねずみ」といいます。

**肘頭骨端線閉鎖不全（ちゅうとうこったんせんへいさふぜん）**
成長にともない自然に骨端線（成長期に骨が伸びるところ）が閉じて大人の骨になります。しかし、強い肘の曲げ・伸ばしを何度も繰り返すと、この部分が開いたままになり、肘を伸ばすと強い痛みを生じます。

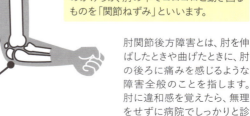

肘関節後方障害とは、肘を伸ばしたときや曲げたときに、肘の後ろに痛みを感じるような障害全般のことを指します。肘に違和感を覚えたら、無理をせずに病院でしっかりと診てもらいましょう。

# これで納得！図解で学ぶ基本の

## Q1 肘を伸ばしたときの痛みを予防するテーピング方法は？

肘が完全に伸び切らないように、テーピングで制限を加えていきます。肘の内側が痛い場合には、内側側副靱帯損傷に対するテーピングも併用しましょう。

①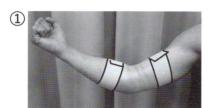

アンダーラップを手首側から肩の方向へ巻いていく。その後、アンダーラップの端を50mmの伸縮テープを使って留める。

②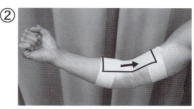

前腕の方から、肘の中央部を通って上腕の方へ貼っていく。

③

伸縮テープの両端に切り込みを入れて縦に割り、上腕部と前腕部に巻き付ける。

④

肘の外側からスタートし、肘の中央部を通過し、上腕部で留める。

⑤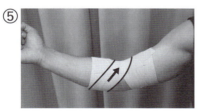

前腕の内側からスタートし、上腕部の外側で留める。

⑥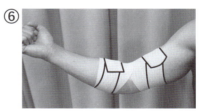

上腕部と前腕部でテーピングの端を留める。

⑦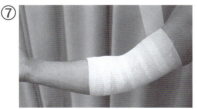

ハンディカットの伸縮テープで肘全体を前腕から上腕に向かって覆っていく。

【使用するテープ】
- アンダーラップ
- 50mmの伸縮テープ
- 50mmのハンディカット伸縮テープ

## II 部位別のスポーツ医学 10

# 手首の痛みが なかなかとれない！
## ～手関節の痛み～

　剣道、ゴルフ、バドミントンなど手首の動きが重要なスポーツはたくさんあります。手首の使い方ひとつでボールの方向が変わったり、スピードが速くなったり、さまざまなテクニックのバリエーションが増えるといっても過言ではないでしょう。

　このように、ずっと酷使し続けている手首に慢性的な痛みを抱えている選手も多く、練習も我慢すればできなくもないので、痛みを抱えたまま放置している人もいます。ここでは、手首の構造を確認し、手首を固定するテーピングの基本的な方法を説明します。

### 実は複雑、手首にはたくさんの骨がある！

　外から手首をみると分からないのですが、実は手首の皮膚の下には8個の小さな骨が石垣のように組み合わさっています。ここに大きな力が加わって骨がズレたり、骨折したりすると、なかなか痛みが取れず、治療が長引く可能性があります。さらに、この狭い手首の中には、神経、血管、腱などが集まって束になって集まっているので、なかなか厄介な部分であると言えます。

　スポーツにおいて手首は重要な働きをしますので、手首をしっかり固定するための筋力トレーニングを行うようにしましょう。また、手首を固定するテーピングを日常的に行うことも重要な予防策です。手首が痛いときは、軽く考えずに専門の医師に診てもらいましょう。

テーピングは予防に有効！

#  図解で学ぶ基本の

【手首には小さい骨がたくさんある！】

手首は、たくさんの小さな骨が組み合わさって構成されています。そのため、どこかの骨に強い力が加わり、位置がずれたり、骨折したりすると、なかなか痛みが取れずに長引いてしまいます。

### 手根骨（しゅこんこつ）
8個の小さな骨が石垣のように組み合わさることで手首はさまざまな方向に動かすことができる。

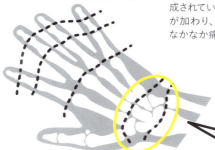

親指を外に広げると、2本の腱が浮かび上がる。その中央に、「舟状骨」を触れることができる。この部分を押して痛いと舟状骨骨折の可能性もある。

### 舟状骨（しゅうじょうこつ）

## Q1 痛みの部位の違いで傷害名は異なるの？

どのような状況で手首が痛くなったのか、どこを押すと痛いのか、どんな動きで痛いのかの違いで損傷している部位が異なります。以下に代表的なものを紹介します。

- 舟状骨骨折、橈骨末端部骨折など
- 手根管症候群、腱鞘炎など
- 三角線維軟骨複合体損傷、手根骨の骨折など
- 三角線維軟骨複合体損傷、関節障害など
- 手根骨骨折など
- 舟状骨骨折、ドゥケルバン病など

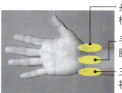 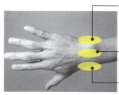

 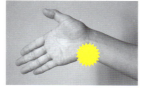 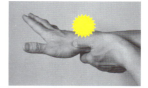

親指を中に入れて握り小指側に曲げる。
⇒親指側に痛みが出る。

**ドゥケルバン病**
**親指側の腱鞘炎**
の可能性がある

手首を小指側に曲げる。
⇒小指側に痛みがある。

**三角線維軟骨複合体損傷**
**小指側の靱帯と軟骨の損傷**
の可能性がある

親指を外に広げる。2本の腱が浮き出たところの間を押す。
⇒押した部分に痛みがある。

**舟状骨骨折**
**手骨のひとつ舟状骨の骨折**
の可能性がある

# 図解で学ぶ基本の き

## Q2 手首を固定するためのテーピングの方法は?

非伸縮テープで動きを制限します。手首を反らせたときに痛い場合は手のひら側にテープを貼り、曲げたときに痛い場合は手の甲側にテープを貼ります。

【使用するテープ】
25mmの非伸縮テープ

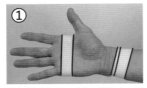

①手と手首にテーピングのベースとなるテープを貼り、手の甲で留める。手首側にはテープを2本貼る。

②親指側から手首に向かって斜めにテープを貼る。

③小指側から手首に向かって貼っていく。手首の中央でテープが重なるようにする。

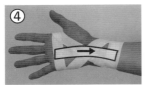

④手のひらから手首に向かって、真っすぐテープを貼る。

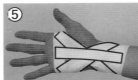

⑤②~④の手順を繰り返す。

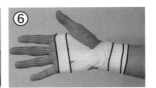

⑥最後にもう一度手のひらと手首にテープを貼る。

【使用するテープ】
38mmハンディカット伸縮テープ

手首を固定するためのテーピングの方法です。上記のテーピングの上から巻くと、さらに固定力が増します。

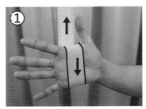

①手の甲側からテープを始め、手のひらを通って手の甲側に貼っていく。

②手のひらを斜めに横切り、手首の上側に貼っていく。

③手のひらの外側を通って手の甲側に貼り、手のひら側に貼っていく。

④最後に手首を一周して留める。

## II 部位別のスポーツ医学 11

# 指先が伸びない！
# これって突き指？
## ～突き指～

バレーボールのオーバーハンドパスやバスケットボールでのキャッチミスなど、一瞬の出来事で指の第1関節（最も爪に近い指の関節）が横を向いていたり、指が伸びなかったりすることがあります。また、第1関節だけではなく、第2関節（指の先端から数えて2番目の関節）もよく損傷する部位の一つです。指の関節の損傷では、テーピングで固定したり保護することで、練習や試合も継続できる場合もあります。

### 「突き指」って？

ボールのキャッチミスや柔道の組み手争いで指を痛めたときに「突き指してしまった」とよく言います。この==「突き指」は、手の指に何らかの力が加わって損傷したもの全般のことを指すものです。「突き指」というと軽症のような感じがしますが、場合によっては骨折していることもあります。==骨と骨のつなぎ目の部分を関節といいますが、指や手にはたくさんの関節があります。これらの関節部分は、靱帯や腱（筋肉と骨のつなぎ目）によって固定されており、強い力が加わると損傷することがあります。

関節には名前がついており、==指先から数えて1つ目の第1関節をDIP関節（遠位指節間関節）、2つ目の第2関節をPIP関節（近位指節間関節）、3つ目の第3関節をMP関節（中手指節関節）といいます。==ここではDIP、PIP関節へのテーピングを紹介します。

### 【突き指と言われている代表的なケガ】

手指にはイラストのような関節があるので、球技などにおいて痛める可能性が高いといえます。特に代表的なもの2つを示しました。

**PIP関節靱帯損傷・脱臼**
PIP関節を固定するための靱帯が切れたり、伸びたりすることによって生じる。骨が外れて脱臼することもある。

**マレット・フィンガー**
突き指の代表。指を伸ばすための腱、もしくは付着部の骨が折れる。指先を伸ばそうとしても、伸びなくなる。

PIP関節【近位指節間関節】
CM関節【手根中手関節】
DIP関節【遠位指節間関節】
MP関節【中手指節関節】

## 図解で学ぶ基本の き

### Q1 第1(DIP)関節を固定するテーピングは?

指の最も先端の関節であるDIP関節と爪を保護するテーピングです。練習中にテーピングが外れてしまわないように工夫しましょう。

【使用するテープ】
12mmの非伸縮テープ

● マレット・フィンガーへのテーピング

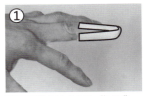
① DIP関節をはさんで、指の背・腹面、側面にテープを貼る。

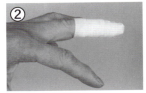
② 指先から指の付け根に向かってぐるぐると巻いていく。

● 爪を保護するためのテーピング

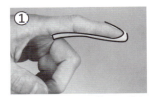
① 指の背面はPIP関節まで貼らず、腹側は指の付け根まで貼る。

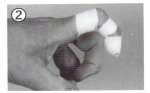
② 関節部は貼らずに、テープを固定していく。

### Q2 第2(PIP)関節を固定するテーピングは?

PIP関節のテーピングは、痛めている部分にテープが重なるように行います。基本的な方法を覚えて、自分に最もフィットするよう工夫しましょう。

【使用するテープ】
12mmの非伸縮テープ

● 基本のテーピング

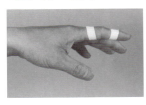
① PIP関節を挟んで、上下にテープを貼る。

② 痛みのある部分が中心となるように、2本テープを貼る。

③ 痛みのある部分が中心となるよう真っすぐに貼る。

④ 両端を留める。

● 切らないで固定する
　テーピングの方法

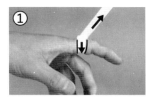
指に1周巻いて、斜め上に引く。

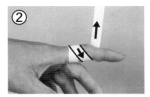
PIP関節を斜めに貼る。

反対側からもう一度斜めに貼る。

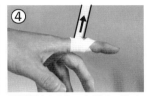
反対側からもう一度斜めに貼る。

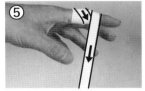
指に1周巻く。

反対側を斜めに横切る。

指の付け根で留める。

● 隣の指を利用してテーピングをする方法

### バディ・テーピング
二本の指でしっかりと固定する場合に使う。

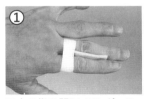
二本の指の間に、アンダーラップなどのクッションをはさむ。

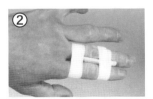
クッションをはさんだまま二本の指を固定する。

### ブリッジ・テーピング
バディ・テーピングよりも緩やかに固定したい場合に使う。

指をやや開いたまま、二本の指にテープを巻く。

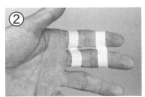
指の間の粘着部を合わせる。

# II 部位別のスポーツ医学

## 12 手の親指を動かすと痛い…どのように固定すればいいの?
### 〜スキーヤーズ・サム〜

　スポーツ現場では、爪がはがれたり、突き指をしたり、競技を行う上で指のケガはつきものです。**中でも、手の親指のつけ根の関節の靱帯損傷を"スキーヤーズ・サム"と言い、**これは、スキーの選手がストックをもったまま転倒したときに、親指をよく痛めるために、そのように呼ばれています。しかし、これはスキーだけではなく、スノーボードにおいても雪面に手をついたときや、他の競技でも親指だけが開いた状態で転倒したりした場合に起きやすい指のケガの一つです。ここでは、親指の付け根の関節の損傷であるスキーヤーズ・サムについて説明します。

### なかなか治りにくい、親指の靱帯損傷

　**親指の付け根の関節の靱帯損傷を、正式には母指MP関節靱帯損傷と言います。親指は、物を持ったり、握ったりする際に、力が加わる関節なので安静にすることが難しく、なかなか治りにくい部位だと思います。また、練習も「やろうと思えばできなくもない」ので、長年親指の痛みと付き合いながら競技を行っている選手も少なくないようです。**

　本来であればしっかりと安静にして治療することが望ましいのですが、試合があるときなど、再発を防ぎながら練習を行わなければならないこともあります。その場合は、しっかりとテーピングで固定することが重要です。

【スキーヤーズ・サム】
親指の付け根の関節（母指MP関節）の靱帯損傷のことで、よく動かす関節なのでなかなか治りにくい部位です。親指を外に開くと痛みが出ます。

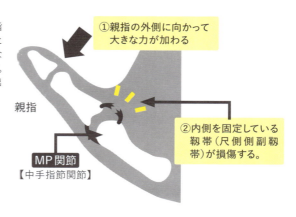

①親指の外側に向かって大きな力が加わる

②内側を固定している靱帯（尺側側副靱帯）が損傷する。

親指
MP関節
【中手指節関節】

# これで納得！図解で学ぶ基本の き

## Q1 親指が外に動くのを制限するテーピング方法は？

非伸縮もしくは伸縮テープで親指が外側に動くのを制限します。

【使用するテープ】
25mmの非伸縮もしくは伸縮テープ

### ●テープを切らないで巻いていく方法

**ポイント**
指をしっかり開かないで、親指をやや手のひら側に曲げたまま巻いていくことで、親指が外側に引っ張られるのをより強く制限します。

①
親指に1周巻き、手のひら側に引っ張る。

②
手のひら側から手の甲側へ貼り、親指の関節の上を通るように貼っていく。

③
親指の内側を通って、親指の外側にテープを引き上げる。

④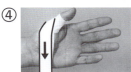
親指の関節部を通って下に引っ張る。

⑤
この手順を2～4回繰り返して、手の甲側で留める。

### ●伸縮テープの補強として巻く方法

①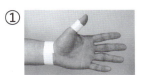
親指と手首に1周ずつテープを巻く。

②
親指の腹から手首に向かって1本貼っていく。

③
親指から異なる方向に手首に向かって貼っていく。

④
さらに、親指から異なる方向に貼る。

⑤
親指と手首の端を固定する。

### ●伸縮テープもしくはキネシオテープで固定する方法
●50mmの伸縮もしくはキネシオテープ

①
50mmの伸縮もしくはキネシオテープの真ん中を切って、親指に巻く。

②
手首に向かって貼っていく。

③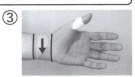
手首で1周巻く。これを何回か繰り返してもよい。

## II 部位別のスポーツ医学

# 13 ケガをしていないのに腰がいつも痛いのはなぜ？
～腰痛につながる姿勢と動き～

　腰痛は、多くのスポーツ選手が抱える問題の一つです。運動時だけではなく、安静にしているときにも痛みを感じる人が多いようです。このように、腰に問題があると日常生活にも支障をきたしてしまい、練習時間以外のトレーニングもおっくうになってしまいます。日常的に腰痛のある人は、腰に負担のかかる姿勢や動きをしている傾向にあるようです。そこで、腰に普段どれほどの負担が生じているのかを理解し、腰痛を予防するための方法について考えていきましょう。

### 日常生活の「くせ」が腰痛を引き起こす

　成長期は、骨が急速に伸びていくのに対し、筋肉も一緒に伸びていくわけではありません。そのために、筋肉がゴムのように引っ張られて、骨との付着部分に痛みを感じることがあります。これが一般的に"成長痛"と呼ばれているものです。そのため、小学生のときは体が柔らかかったのに、しっかりとストレッチなどをしないと中学生になって急に体が硬くなってしまいます。まずは、どの筋肉が硬くなっているのかを理解しましょう。そして、その筋肉が硬いことで、姿勢全体にどのような影響を与えるのかを理解することが大切です。

　この時期に、自分の姿勢や動きの「くせ」を理解し、改善するように努力することで腰痛の危険性を減らし、快適にスポーツに打ち込めるのではないでしょうか？　まずは、腰痛リスクをチェックしてみましょう。

【腰痛の危険度チェック】　腰痛はさまざまな要因が重なって起こります。どれか一つでも当てはまる人は要注意！

| 筋肉の柔軟性に問題あり！ | 体幹周囲の筋力に問題あり！ |
|---|---|
| □ かかとがお尻につかない。<br>□ 腕を上に上げると、背中が反ってしまう。<br>□ 仰向けから90度以上足が上がらない。<br>□ 立った姿勢から手が床につかない。<br>□ かかとを床につけたまましゃがめない。 | □ 体力テストの上体起こし（腹筋）の点数がいつも標準以下だ。<br>□ 腕立て伏せをすると、すぐに腰が反ったり、曲がったりする。 |

**姿勢・フォームに問題あり！**
□ 椅子に座る姿勢が悪い。
□ 人から「猫背」や「腰が反っている」と言われたことがある。
□ ウェイトトレーニングのフォームを教えてもらったことがない。

## これで納得！図解で学ぶ基本の

### Q1 筋肉の柔軟性が腰痛に関係するって本当？

筋肉の柔軟性が乏しいと、関節の動きを制限してしまいます。
その結果、その動きを補うために、腰に負担がかかってしまいます。

**肩が硬い**
腕を上に上げたとき

肩が柔らかいと真っすぐ上がる。　肩が硬いと腰で動きを補う。

**太もも前が硬い**
うつ伏せでかかとを軽く押したとき

太もも前面の筋肉が硬いとかかとがお尻につかない。

骨盤を前に引っ張り反り腰になる

**足首が硬い**
かかとを床に着けたままひざを曲げたとき

足首が柔らかいとひざが曲がる。　足首が硬いと腰で動きを補う。

**太もも後が硬い**
仰向けで足を上に上げたとき

太もも後面の筋肉が硬いと90°以上上がらない。

骨盤を後ろに引っ張り腰が曲がる。

### Q2 体幹の筋力不足をチェックするには？

簡単にチェックする方法として、「腕立て伏せ」を行っているときに、正しい姿勢がとれるか確認してみましょう。もしすぐに下のような姿勢になるなら、体幹周囲の筋力不足かも……。

**体幹が弱い**

我慢できずにお尻が上がってしまう。

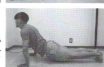

逆におなかが下がってしまう。

トレーニング中や練習中もドローインを意識しよう。無意識に力が入るようになればこっちのもんだ！！

**背骨を伸ばすドローイン**

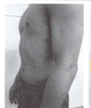 

息を吐きながら、おへそを背中に近づけるように意識する。

ドローインを行うことで腹筋のインナーマッスルが収縮し、背骨が固定される。その結果、腰痛を防ぎ体幹が安定する。

# 図解で学ぶ基本の き

## Q3 姿勢が悪いとどれだけ腰に負担がかかるの？

普段の生活の姿勢でどれほど腰に負担がかかっているのか、
またウェイトトレーニングで誤ったフォームだとどれほど危険かを計算してみます。

## 姿勢の違い

普通に立った姿勢を1(基準)とすると

寝ころぶと

腰への負担は
**約半分に軽減**

立った姿勢から腰を曲げると

腰への負担は
**約1.6倍増加**

座った姿勢で背筋を伸ばすと

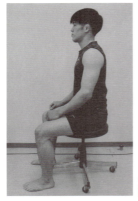

腰への負担は
**約1.5倍増加**

座った姿勢で腰を曲げる(背中が丸まる)と

腰への負担は
**約2倍増加**

**座った姿勢で腰を曲げる動作は腰にとって最も負担がかかる！**

## ウェイトトレーニングでのフォームの違い

体重60kgの人が、40kgのバーベルを持ったときの背骨にかかる重さ

### 正しいフォーム

腰からバーまでの**距離が短い**

背骨には**230kg**がかかる

【計算】
背骨からバーまでの距離**20cm**
背骨から背筋までの距離**5cm**
バーベルの重さ**40kg**だとすると
背筋力は**160kg**必要

バーベルの重さ**40kg**
上半身の重さ**30kg**
背筋力**160kg**

を足すと
背骨には**230kg**の重さがかかる

### 誤ったフォーム

腰からバーまでの**距離が長い**

背骨には**390kg**がかかる

【計算】
背骨からバーまでの距離**40cm**
背骨から背筋までの距離**5cm**
バーベルの重さ**40kg**だとすると
背筋力は**320kg**必要

バーベルの重さ**40kg**
上半身の重さ**30kg**
背筋力**320kg**

を足すと
背骨には**390kg**の重さがかかる

フォームが変わるだけで、背骨には正しいフォームの1.7倍（390kg）の負荷がかかる！

# II 部位別のスポーツ医学

## 14 腰のヘルニアってどんなケガなの?
### ～腰椎椎間板ヘルニア～

　腰の骨は腰椎（ようつい）と呼ばれ、背骨の中でも骨盤に連結している最も下部にある骨です。この腰椎は、5つの椎骨（ついこつ）から構成されています。椎骨と椎骨の間には、椎間板（ついかんばん）というクッションの役割をする軟骨が挟まれています。この椎間板に無理な力が加わると、一部分が損傷してこの中からゼリー状の液体（髄核：ずいかく）が飛び出てきます。この「飛び出た状態」のことをヘルニアといいます。ここでは、椎間板ヘルニアについて説明します。

### 痛みだけじゃなく、足もしびれる

　飛び出た髄核は、脊柱の中を通っている脊髄（せきずい）という足の動きや感覚を支配している神経を圧迫します。すると、脚が動きにくくなったり、お尻や太ももの裏がしびれたりします。この腰椎椎間板ヘルニアが原因で、足首を曲げることができずに、捻挫をすることもあります。腰と離れた位置にある足首の捻挫が、腰椎椎間板ヘルニアによるものということもあるのです。
　腰椎椎間板ヘルニアは、加齢とともに増加する傾向にありますが、11～12歳頃から発生します。いったん腰椎椎間板ヘルニアになると、治療が長期化する傾向にありますので、予防することが第一です！

### 【腰椎椎間板ヘルニア】

腰椎椎間板ヘルニアは、背骨（腰椎）と背骨の間にあるクッションの役割をする椎間板が損傷することで生じます。

#### 腰椎椎間板ヘルニアの原因

腰椎と腰椎の間には、クッションの役割をする椎間板があります。その中に、髄核と呼ばれるゼリー状の液体があり、腰を曲げたり、ひねったりすると、髄核が飛び出し、後ろの神経（脊髄）を圧迫することで、足にしびれを生じます。

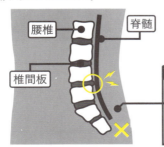

#### 腰椎椎間板ヘルニアの症状

- □ 太ももの後ろ側からひざ、足にかけてのしびれ。
- □ お尻の横側のくぼみを押すと痛みがある。
- □ ふくらはぎや、足の親指側への痛みやしびれ。
- □ 前に腰を曲げると痛みが強くなる。　　など

# これで納得！図解で学ぶ基本の き

## Q1 腰椎椎間板ヘルニアの症状をチェックをしてみよう

椎間板ヘルニアが疑われる場合、以下の方法でチェックしてみましょう。当てはまったからといって自分で判断せず、病院でしっかりと医師の診断を受けましょう。

### ●SLRテスト
寝ころんだ状態で足を上げる

### ●筋力テスト
爪先で立ってみる

足首・指を矢印の方向に力を入れる

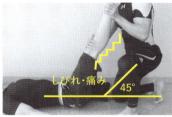
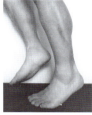
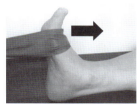

45°以上上げるとももの裏がしびれる。場合によっては45°までも上がらない。

どちらか片方の足で爪先立ちがしにくい

足首・足指を甲側に曲げたとき、左右どちらかに力が入りにくい。

## Q2 腰椎椎間板ヘルニアに対するストレッチは？

腰椎椎間板ヘルニアの場合、臀部（お尻）、ハムストリング（ももの裏側）が硬くなっている傾向にあります。痛みのない範囲でゆっくり伸ばしましょう。目安は15秒から30秒。

### 臀部

| ストレッチ① | ストレッチ② | ストレッチ③ | ストレッチ④ |
|---|---|---|---|
|  |  |  |  |
| 片脚を手で抱える。 | ひざを曲げ脚をのせる。 | ストレッチ②の姿勢で脚を抱え込む。 | 脚を内側に入れて、反対側の脚は伸ばす。背筋も伸ばす。 |

### ハムストリング / 背中

| ストレッチ① | ストレッチ② | ストレッチ③ | ストレッチ① |
|---|---|---|---|
|  |  | |  |
| 寝ころび、太ももを手で手前に引く。 | 立位で爪先を上げる。台にのせてもよい。 | 脚を伸ばし爪先をもつ。 | バランスボールの上で脱力する。 |

## Q3 腰椎椎間板ヘルニアに対するトレーニングは?

腰椎椎間板ヘルニアを予防するためには、正しい姿勢を保つための体幹を固定する意識と筋力が必要です。腹筋や体幹周囲に力を入れる意識を身に付けましょう。

### 腹筋

腰のすき間に手を入れる。

手を押さえつけながら頭を上げる。2秒程度キープ。

### ハムストリング

おなかに力を入れる。

肩甲骨で支えながらおなかを上に上げる。

### 股関節前部

足を上げる。

足を痛くないところまで上げる。これを繰り返す。

### 胸椎可動域

肘、足で体幹を固定する。

後頭部に手をのせる。

腰をひねらず胸で肘を上げる

### 腹筋　目的:動きの中で体幹を固定する

① おなかに力を入れて手足を上に上げる。

② おなかに力を入れたまま右手、左足を伸ばす。

③ 最初の状態に戻す。

④ 左手、右足を伸ばす。①〜④を繰り返す。

## II 部位別のスポーツ医学 15

# 成長期に注意しなければならない腰のケガは？
## ～腰椎分離症～

　腰椎分離症（ようついぶんりしょう）は、小学生高学年～中学生の年代で野球、サッカー、陸上、剣道、水泳など、あらゆるスポーツで起こる代表的な腰のケガです。小中学生は、まだ体幹を固定する筋力も未熟な状態で、この時期に必要以上に腰を反ったり、曲げたり、回したりを繰り返すと、腰椎に負担がかかり痛みが生じます。また成長期の骨は、大人の骨のように成熟していないので、重すぎるウェイトを用いたスクワットや、強引なテクニックによる腰の過度な動きにも注意することが大切です。ここでは、腰椎分離症に対するストレッチや予防法について解説します。

### 繰り返す無理な姿勢が疲労骨折を引き起こす！

　**腰椎分離症は、成長期に繰り返される背骨への力によって、背骨の後ろにある突起部分（椎弓）がぶつかり合って骨折してしまう疲労骨折のことをいいます。**分離症の最初の段階では、腰を動かしたときに、腰や太ももあたりに痛みを伴います。しかし、安静にしておくと痛みが治まるので、病院に行かない人が多いようです。しかし、この段階で病院に行き、安静を保つことで回復する可能性が高くなります。

　**分離症がさらに進行すると、かなりの痛みがあり、日常生活に支障をきたします。最終的には、疲労骨折部分の骨が完全に分離してしまい、元に戻らない状態となってしまいます。**医師の診断と治療のもと、ストレッチやリハビリテーションを行いながら、競技に復帰するためのトレーニングを行いましょう。

### 【腰椎分離症】

腰椎分離症は、成長期のスポーツ選手によく見られます。無理に腰を反らせたり、ひねったりすることを繰り返すと、椎骨の後ろの部分が衝突し折れてしまいます。

- 椎骨（ついこつ）
- 腰椎（ようつい）：腰の椎骨全体をまとめて腰椎という。
- 腰椎分離症：繰り返される力が加わり骨折してしまう。

### 腰椎分離症の段階と痛み

| | | |
|---|---|---|
| 初期 | 痛み | 安静にすると腰の痛みが治まる傾向が強い。 |
| | 治癒 | 安静を中心として適切な治療で早期に骨が元に戻る時期。 |
| 進行期 | 痛み | 日常生活においても腰に痛みが出てくる。 |
| | 治癒 | 骨が元に戻るのに5ヵ月以上かかるとされる。 |
| 終末期 | 痛み | 痛みは治まる傾向。 |
| | 治癒 | 骨が元に戻る見込みはない。 |

## 図解で学ぶ基本の き

## Q1 腰椎分離症が疑われる姿勢は?

腰椎分離症が疑われる場合、以下の方法でチェックしてみましょう。このような姿勢で痛みが強くなる場合、病院でしっかりと医師の診察を受けましょう。

### 背中を反らす

① 床の上に立つ。
② ゆっくりと背中を後ろに反らす。

→ 伸展での痛み

### 後ろに振り向く

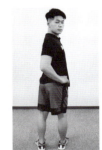

① 床の上に立つ。
② ゆっくりと後ろを振り向く。

→ 回旋での痛み

**腰の痛みが強くなる場合には疑いあり**

## Q2 腰椎分離症に対するストレッチは?

腰椎分離症の場合、大腿前部(太もも前)、ハムストリング(太ももの後ろ)、背中の筋肉が硬くなっていることがあります。痛みがないことを確認しながら行いましょう。目安は15秒から30秒。

### 腰背部・ハムストリング

太ももの後ろで手を組む。

ゆっくりとひざを伸ばす。伸ばした状態を10秒維持し3セット程度行う。

### 太もも前部

**ストレッチ①**

 片脚で立ち、後ろの足を持つ。  体幹は固定したまま太ももを後ろに下げる。このとき、腰が反らないように注意!

**ストレッチ②**

脚を前後に広げて、後ろの足を持ち、脚の付け根を伸ばす。

**ストレッチ③**

腰が反らないように注意しながら太ももの前を伸ばす。

### 胸部

両手を広げ、胸を床に着けたまま下肢をひねる。左右行う。

# Q3 腰椎分離症に対するトレーニングは？

腰椎分離症になりやすい人は、トレーニングのときに腰を反るような姿勢をとる場合が多いようです。自分の姿勢に気をつけて、トレーニングを行いましょう。

**トレーニング前のチェック！**

背中に棒をのせて下の写真のような姿勢をとってみよう。棒と背中が真っすぐになるよう、おなかに力が入っていればOK！

○ 背中にのせた棒と背骨がほぼ平行。

× 背中にのせた棒と背骨にすき間があり、背骨が反っていることが分かる。

**体幹固定トレーニング4種**

背中が反らないように注意し、30秒を3～4セット行う。姿勢が崩れる場合は、できる秒数だけ行う。

**背骨安定トレーニング2種**

脚を伸ばして下げたときに、背骨が反りがちです。とにかく、背骨が反らないように意識して行うこと。30回を3～4セット。姿勢が崩れる場合は、できる回数だけ行う。

【ダブル・レッグレイズ】　【シングル・レッグレイズ】

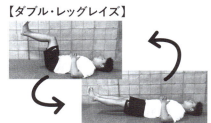

左右交互に脚を伸ばす。

# Ⅱ 部位別のスポーツ医学

## 16 なぜ、ひざはケガをしやすいの？
～ひざの外傷～

　膝関節のケガは、コンタクトスポーツに最も多いケガの一つです。サッカーやハンドボールなどの競技は、相手と接触することなくひざを損傷することも多いのですが、コンタクトスポーツの場合は、相手のタックルなどで、ひざに無理な力がかかり損傷します。ここでは、ひざのケガを予防する動きについて解説したいと思います。

### ひざをケガする人は何度も同じケガをする!?

　==ひざのケガは、その人の動きの癖と関係があります。特に、練習量が多く疲れがたまってきたときに、動きの癖が出やすくなります。それがケガにつながりやすい動きであれば、練習量が増えるほどケガの危険性が高まることになります。==そのため、まずはひざのケガを予防するために、どのような動きがケガにつながるのかを理解し、しっかりとケガにつながらない動きを身に付ける必要があります。その動作を身に付けないと、せっかく治療が終わっても、また同じような状況でケガをしてしまうことになるのです。

　==ひざのケガの代表的なものに、前十字靭帯損傷、内側側副靭帯損傷、半月板損傷などがあります。これらのケガは重症の場合には、復帰までに時間がかかりますので、まずは予防が大切です。==

### 【膝関節の構造と役割】

膝関節は、太ももの骨（大腿骨）とすねの骨（脛骨）が、スムーズに動くように骨でがっちりと固定されているわけではなく、筋肉と靭帯で安定化を図っています。

- **大腿骨**：太ももの骨
- **膝蓋骨**：いわゆるひざのお皿
- **後十字靭帯**：すねの骨が後ろにずれないよう固定する靭帯
- **外側側副靭帯**：ひざの外側を固定する靭帯
- **前十字靭帯**：すねの骨が前に飛び出ないよう固定する靭帯
- **半月板**：体重を分散させるクッションやひざがずれないようガードレールの役割を担う
- **脛骨**：すねの骨
- **内側側副靭帯**：ひざの内側を固定する靭帯

# これで納得！図解で学ぶ基本の き

## Q1 膝関節がケガをしやすい動きって？

スポーツで最もケガの危険性が高いのは、下の写真のようなニー・イン・トゥ・アウト（ひざが内側に入って、爪先が外側を向いている）と呼ばれる動きです。いかなる場面でもニー・イン・トゥ・アウトの姿勢にならないようにしなければなりません。

●ニー・イン・トゥ・アウト

ニー・イン（ひざ・内向き）
トゥ・アウト（爪先・外向き）

・内側側副靱帯損傷
・前十字靱帯損傷
・外側半月板損傷

の危険性がある。

●ニー・アウト・トゥ・イン

ニー・アウト（ひざ・外向き）
トゥ・イン（爪先・内向き）

・外側側副靱帯損傷
・内側半月板損傷
・足関節捻挫

の危険性がある。

## Q2 ひざのケガをしないための最も大切な姿勢は？

すべてのスポーツで重要な姿勢が「パワー・ポジション」。この姿勢を身に付けるトレーニングをしっかり行うことで、首や腰のケガの予防にもなります。

### ミニバンドを使用したパワー・ポジションの確認

【正しいひざの位置】
ミニバンドのゴムの力に対抗して正しい位置にひざを持ってくる。

【誤ったひざの位置】
ミニバンドのゴムの力でひざが内側に引っ張られてニー・インの姿勢になっている。

### パワー・ポジショントレーニング

【使用する道具】
ミニバンド

2000円前後で購入できる。

① ひざの少し上にミニバンドを巻く。

② ミニバンドのゴムでひざが内側に引っ張られる力に我慢して、左右に移動する。30回×3セット。

# II 部位別のスポーツ医学

## 17 動作の中でひざが内側に入りやすいのは治せるの？
### 〜ダイナミック・アライメント矯正〜

　爪先が外側を向いて、ひざが内側に入るような姿勢であるニー・イン・トゥ・アウトの姿勢は、ひざにとって最もケガをしやすい危険な姿勢であることは、すでにお話ししました。スポーツ活動中に、その動きの中でひざが内側に入ったり、爪先が外側を向いたりするような姿勢のことを"ダイナミック・アライメント"（動きの中での骨の並び）といいます。例えば、サイドステップをするときに、無意識にひざが内側に入ったりするようなことです。このような動作が競技中に何度も繰り返されると、ひざのケガの危険性が高まります。そこで、ひざにとってよくないダイナミック・アライメントを矯正し、ケガをしにくいフォームを身につけるためのトレーニングを紹介します。

### ひざだけでは、内側に入らない

　膝関節は、少しは左右に動きますが、基本的には曲げ伸ばしを行う関節です。したがって、ひざだけで内側に入るわけではありません。つまり、==股関節の筋肉が弱い、もしくは意識していないことによって、太ももの骨（大腿骨）が内側に動き、結果としてひざが内側に入るのです。そこで、ひざが内側に入らないようにするためには、どのような動きの中でもしっかりと股関節が内側に移動しないようにトレーニングをする必要があります。==

　特に女子は、骨盤が男子よりも広く、ひざが内側に入る（ひざのお皿が内側を向いている）傾向が強いため、より意識しなければなりません。ダイナミック・アライメントを意識したトレーニングを行うと、ケガの予防だけではなく動きの安定性にもつながりますので、積極的に行いましょう。

ニー・イン
トゥ・アウト

股関節の筋肉を鍛えて
ケガの予防と
動きの安定性を

# これで納得！図解で学ぶ基本の き

## 【ひざが内側に入る理由】

ひざが内側に入り足首が外を向く姿勢（ニー・イン・トゥ・アウト）は、最もひざのケガを引き起こしやすい姿勢です。どのようなときにひざが内側に入りやすいのかを考えてみましょう。

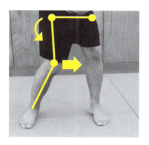

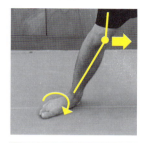

| 動きの中で股関節が大腿骨を固定できないとき | 前に踏み出した足のほうへ側屈したとき | 足部が内側に回ったとき |

**ひざが内側に入りやすい**

- ・股関節の筋力向上
- ・横移動時の股関節の連動

| 側屈したときにひざが内側に入らないような動きを習得 | 爪先とひざの位置を真っすぐにする |

## Q1 ニー・インしないためのトレーニング方法は？

ニー・イン（ひざが内側に入る）しないためには、動きの中で正しい姿勢を習得する必要があります。ここでは、ミニバンドを使用した方法を紹介します。

### Level 1 ミニバンドの負荷に抵抗して姿勢をつくる

【使用する道具】ミニバンド

**スクワット**

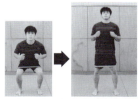

スクワットのときにニー・インしないようにゴムを外側に押し広げながら行う。
＊爪先とひざの位置が真っすぐになるように意識する。

**リア・レッグレイズ**

足首にミニバンドを巻く。ひざを伸ばしたまま後ろに足を上げる。
＊支えている側のひざがニー・インしないよう注意する。

**サイド・レッグレイズ**

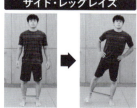

足首にミニバンドを巻く。ひざを伸ばしたまま横に足を上げる。
＊股関節とひざが真っすぐ動くように意識する。

# 図解で学ぶ基本の き

## Level 2 ひざを曲げたままニー・インしない動きを身に付ける

**ラテラル・ウォーク**

ニー・インしないように、横に移動する。砂場などで実施すると効果的。
＊踏み出す側の股関節を意識して行う。

**ニー・ベント リア・レッグレイズ**

片脚を曲げたまま、反対側の脚を後ろに上げる。

## Level 3 両脚でジャンプした際に、ニー・インしない姿勢を身に付ける

**スクワット・ジャンプ**

ミニバンドを押し広げながら、ジャンプを行う。着地姿勢で3秒静止する。
＊空中でもニー・インしないように注意。

**前後左右スクワット・ジャンプ**

スクワット・ジャンプを前後、左右行う。同様に着地姿勢で3秒静止する。
＊着地時にニー・インしやすいので注意。

## Level 4 片脚でジャンプした際に、ニー・インしない姿勢を身に付ける

**シングル・レッグ・ホップ①**

片脚で前後にジャンプする。着地時に3秒間静止する。
＊空中でもニー・インしないように注意。

**シングル・レッグ・ホップ②**

同じ側の片脚で左右にジャンプする。着地時に3秒間静止する。

**ニー・ベント サイド・レッグレイズ**

\*支えている側の脚がニー・インしないように注意。

片脚を曲げたまま、反対側の脚を横に挙げる
\*右上の写真のように上げた足が外や内側を向かないようにする。

**180°スクワット・ジャンプ**

スクワット・ジャンプを左右に180度、回転して行う。着地姿勢で3秒静止する。
\*回転時にニー・インしやすいので注意。

**反対側の脚でも同様に行う**

**シングル・レッグ・ホップ③**

\*横へのジャンプは、よりニー・インしやすいので注意する。

右足でジャンプしたら左足で着地する。着地時に3秒間静止する。
\*脚を入れ替える際に力が抜けやすいので注意する。

## II 部位別のスポーツ医学

## 18 ひざの内側の靭帯損傷はどれくらいで治るの？
～内側側副靭帯損傷～

　コンタクトスポーツで多く発生するひざのケガに、内側側副靭帯損傷（ないそくそくふくじんたいそんしょう）があります。ひざの横からタックルを受けたり、スキーでの転倒、また自分でターンしようとしたときにひざの内側に体重がかかり、内側側副靭帯を損傷します。その靭帯のみを損傷することも多いのですが、他のケガも一緒に起きることがあります。そのため、必ず病院で正しい診断と治療を行ってもらうことが一番大切です。

### ひざの内側を固定する内側側副靭帯

　内側側副靭帯は皮膚の上から触ることができる浅層の靭帯とその奥の深層にある2層の靭帯で構成されています。多くの場合は、浅層の靭帯を損傷するような軽症や中等症が多く、しっかり治すことで、ひざの不安定感などなく元の状態に戻ります。しかし、靭帯が完全に切れてしまうような重症の場合には、他の靭帯も損傷していることが多く、長期にわたる治療が必要となります。

　軽症や中等症の場合、受傷直後は、それほど腫れはみられないのですが、徐々に痛みと腫れが強くなり、部活から帰るころには、まともに歩くことができなくなります。受傷後、すぐにRICE（安静・冷却・圧迫・挙上）処置を行い、できるだけ炎症をおさえることが大切です。

【内側側副靭帯損傷のメカニズム】

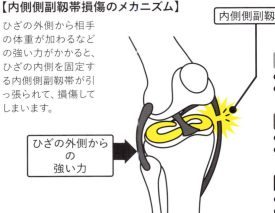

ひざの外側から相手の体重が加わるなどの強い力がかかると、ひざの内側を固定する内側側副靭帯が引っ張られて、損傷してしまいます。

ひざの外側からの強い力

内側側副靭帯損傷

損傷の重症度

**I度（軽症）**
- 靭帯の一部を損傷。
- 痛みはあるが、ひざのゆるみはない。

**II度（中等症）**
- 靭帯の一部が断裂。
- 痛み、腫れが強いが、ひざのゆるみは少しあるくらい。

**III度（重症）**
- 靭帯が完全に断裂。
- 痛み、腫れも強く、ひざのゆるみが大きい。

# これで納得！図解で学ぶ基本の

## Q1 内側側副靱帯のゆるさはどうやって調べるの？

内側側副靱帯を損傷したときに、どれくらい損傷したのかを調べる方法として、「ひざのゆるさ」を調べるテストがあります。ただし、自分で判断せず、病院で診察を受けてください。

内側側副靱帯のゆるさを調べるテスト（外反ストレステスト）

【方法】
① ひざを軽く曲げる。
② ケガをした人のすねを握り、固定する。
③ 反対の手で、ひざの外から軽く押す。

→ そのときのひざの安定性を反対のひざと比較して確かめる。

Ⅰ度（軽　症）：ゆるみがない
Ⅱ度（中等症）：ややゆるみがある
Ⅲ度（重　症）：ゆるみがある

## Q2 靱帯が元に戻るのにどれくらいかかるの？

ケガをしたところが腫れたり、熱を持ったりするのは、靱帯が治るためにとても大切な反応です。どれくらいで組織が完全に修復するのかイメージすると、完全復帰の時期が分かります。

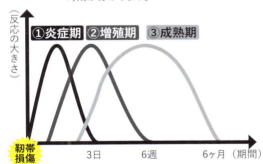

### ①炎症期
最初の3日間で、「赤くなる」「熱をもつ」「腫れる」「痛い」「動かない」の症状がみられる。3日経つとおさまってくる。

### ②増殖期
損傷後4日から4〜6週間続く。損傷した靱帯を治すために新しい細胞が増えて（増殖）いく。靱帯が治り始める。

### ③成熟期
損傷後2〜6ヵ月で治った靱帯が徐々に強さを増していく（成熟：元に戻る）。1ヵ月半頃から反応が大きくなる。

## Q3 いつまでケガをしたところを冷やせばいいの？

靱帯を損傷した後、1週間経ってもケガをしたところを氷で冷やしている人がいます。長期間アイシングをするとケガの治りが遅くなるので注意してください。

| 炎症期<br>受傷後3日間 | 受傷部位を冷やす | ●炎症を起こした細胞の活性が低下する<br>●血管が収縮して血流をおさえる |
|---|---|---|

→ 腫れがおさえられて、周りの細胞への悪影響が少なくなる。

| 増殖期<br>成熟期 | 受傷部位の治療 | 組織の修復を助けるために<br>**超音波療法**や**温熱療法**を行う |
|---|---|---|

4日目以降、炎症が治まったら　　組織の内部に届く　　組織を温める

# Ⅱ 部位別のスポーツ医学

## 19 内側側副靱帯損傷のテーピングのやり方は？
～内側側副靱帯損傷のテーピング～

内側側副靱帯損傷から復帰後、痛みが無くなったとしても靱帯の強度は以前の状態に戻ってはいません。また、**コンタクトスポーツの場合、練習や試合中に相手から不意のタックルなどもあり得ますので、しばらくは損傷した靱帯をサポートする必要があります。**そこで、内側側副靱帯損傷に対するテーピングの方法を紹介したいと思います。

### これで納得！図解で学ぶ基本のき

## Q1 自分で膝関節のテーピングをする方法は？

膝関節を自分でしっかり巻きたいときは、以下の方法を試してみましょう。

- 75mm伸縮テープ
- 体に応じて50mm伸縮テープでもよい

① アンダーラップを下から上に巻き、上端と下端をテーピングで留める。

② 内側側副靱帯を中心に3本のテープを貼る。Q2の⑤～⑦参照。

③ ひざの内側からテープを斜め外側に引っ張る。

④ ひざの裏側を通過して、内側側副靱帯を通るように引っ張る。

⑤ 太ももの外側から回して内側にもってくる。

⑥ ひざの後ろを通るように斜め下に引っ張る。

⑦ ひざの後ろを通過して前にもってくる。

⑧ ③～⑦の手順を1～2回繰り返す。

⑨ ひざの下で留めて完成。

# Q2 内側側副靱帯損傷に対する基本のテーピングは？

内側側副靱帯損傷に対する基本のテーピングです。
利用頻度の高い方法ですので、ぜひマスターしておきましょう。

①

テーピングを巻く脚をやや曲げた状態にし筋肉を緊張させる。

アンダーラップを下から上に巻き、上端と下端をテーピングで留める。

②

すねの外側から斜め内側に引っ張りながら貼る。

③

ひざの裏側を通過し太ももの内側で留める。

④

同様に、今度はすねの内側から外側に引っ張りひざの後ろを通過し太ももの外側で留める。

④'

④をひざの裏側から見るとひざの後ろで交差している。

⑤

太ももと一直線になるように下から引っ張って貼る。●が中心となるようにする。

⑥

すねの骨と一直線になるように下から引っ張って貼る。●が中心となるようにする。

⑦

⑤と⑥で貼ったX字のテープの中央を通過し真っすぐ上に引っ張る。

【参考】
さらにサポートを強めたい場合には、⑤〜⑥の伸縮テープの上から非伸縮テープで固定する。

⑧

テープをひざの後ろに回し両端を前に引っ張る。

⑨

片方のテープの真ん中に切り込みを入れ、写真のように半分に裂く。

⑩

お皿の周囲を避けながら引っ張り、上下で留める。左右同様に行う。

⑪

上の端と下の端をテープで固定して完成。

- ●75mm伸縮テープ　●体に応じて50mm伸縮テープでもよい
- ●補強用38mm非伸縮テープ

注意点
- ●アンダーラップやテーピングは必ず下から上に巻いていく。
- ●手順⑤⑥⑦では、テーピングがゆるまないようにしっかりと、下から上に引き上げるように貼る。
- ●テーピングの効果を持続させたい場合は、粘着スプレーを利用してもよい。

# II 部位別のスポーツ医学

## 20 内側側副靱帯損傷から復帰のための方法は？
〜中等症の場合〜

ひざの内側側副靱帯（ないそくそくふくじんたい）を損傷してしまうと、しばらくスポーツ活動はできなくなってしまいます。その期間、痛めたところを放っておいてよいのかというと、そうではありません。そのまま固定しておいたり、かばってばかりいると膝関節が十分に曲がらなかったり、筋肉がみるみる落ちてしまって、元の状態に戻すのに苦労します。

そこで、本節では膝内側側副靱帯を損傷してから、復帰までのリハビリとトレーニング方法を紹介します。

### 受傷後早期からひざのリハビリを始めよう

膝内側側副靱帯は、血流が多く修復する能力が高いので、しっかり治せば元通りに治りやすい組織です。しかし、==痛めた部分をそのままにしておくと、組織同士がくっついたり、組織に傷が残ったままになり、関節が受傷前の範囲まで曲げ伸ばしができなくなります。そのため、痛みが出ない範囲でできるだけ早い時期からリハビリテーションやトレーニングが必要となってきます。==

==一度、膝内側側副靱帯損傷を経験した人は、また同じように靱帯を痛めやすいとの報告もあります。==この場合、単に筋力や関節の可動域（動く範囲）の問題だけではなく、動きそのものにも問題があることが多いようです。簡単な動きやトレーニングの中で、ひざが内側に入るような姿勢になっていないかを確認することが必要です。

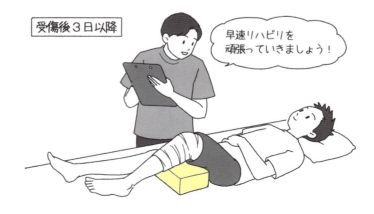

受傷後3日以降

早速リハビリを頑張っていきましょう！

## 内側側副靭帯損傷からの回復プログラム
【中等症（Ⅱ度）の損傷の場合】

自分自身で判断せず、病院で診察を受けて進めていきましょう。

| | 期間 | 目的 | リハビリ・トレーニング種目の例 |
|---|---|---|---|
| **STEP 1** | 受傷後 3日 | 痛みと腫れを最小限にする | ●アイシング<br>●安静　●サポーターなどでの固定 |
| **STEP 2** | 受傷後 3日以降 | ひざの関節が硬くならないようにする | ●大腿四頭筋セッティング　●ヒールスライド<br>●ストレート・レッグ・レイズ<br>●ヒップ・エクステンション<br>●ヒップ・アダクション<br>●ヒップ・アブダクション |
| **STEP 3** | 受傷後 1～2週 | 体重や負荷をかけてトレーニングができるようにする | ●ハーフスクワット<br>●片脚スクワット　●その場ランジ<br>●レッグレイズ with バランスボール（BB）<br>●ヒップエクステンション with BB<br>●ヒップ・アブダクション・アダクション with BB |
| **STEP 4** | 受傷後 3週～ | バランス能力を向上、筋力を強化する | ●スクワット　●フォワードランジ<br>●サイドランジ<br>●バランスボール、バランスディスク、BOSUボールを用いてのスクワット、片脚スクワット、ランジ |
| **STEP 5** | 受傷後 4～5週以降 | 現場復帰のための準備をする | ●ウェイト器具を用いての下肢筋力トレーニング<br>●BOSUボールなど不安定な道具を用いての着地<br>●ボックス・ジャンプオン・オフ |

## Q1 内側側副靱帯損傷から復帰するためのトレーニングは？

受傷後4週以降は、2-17で紹介した「ニー・インしないためのトレーニング方法は？」もあわせて実施しましょう。

### STEP 2 ひざの関節が硬くならないようにする　※回復プログラムのSTEP2から説明

長期間固定すると膝関節がしっかりと曲げ伸ばしができなくなるので積極的に動かそう

●大腿四頭筋セッティング

太ももの後ろにクッションのようなものを置く。

クッションを押し付けるようにひざを伸ばし力を入れる。
5秒×10回

●ヒールスライド

踵の下にタオルを敷く。

痛みのないようにゆっくりと体に引きよせる。10回

●ストレート・レッグ・レイズ

マットの上に仰向けに寝転ぶ。

脚を伸ばしたままゆっくりと上に上げる。5秒キープ×10回

●ヒップ・エクステンション

マットの上でうつ伏せになる。

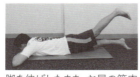

脚を伸ばしたまま、お尻の筋肉を意識して上に上げる。
2秒キープ×10回

●ヒップ・アダクション

マットの上に横になる。

下にある脚を上に上げる。
2秒キープ×10回

●ヒップ・アブダクション

マットの上に横になる。

上側の脚を上に上げる。
2秒キープ×10回

## STEP 3 体重や負荷をかけてトレーニングができるようにする
痛みの出ない範囲で行おう

● ハーフ・スクワット

①肩幅に足を開く。
②ひざの角度が90°になるよう3秒で下げて3秒で上げる。20回

● with バランスボール

● その場ランジ

①足を前後に開く。
②そのままゆっくりとひざを曲げる。3秒キープして戻す。10〜20回

STEP2の
❶ストレート・レッグレイズ
❷ヒップ・エクステンション
❸ヒップアダクション、アブダクションをバランスボールを挟んで実施する。

## STEP 4 バランス能力を向上、筋力を強化する
膝関節の動きに注意し、内側に入ったりフラつかないよう意識しよう

● フォワード・ランジ

①その場に立つ。
②足を前に踏み出す。その際、ひざが内側に入らないように注意。10回
この姿勢で歩いても良い。

● 不安定な場所でのトレーニング

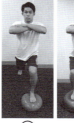  

① ② ③

❶バランスディスクを使用したランジ
❷BOSUボールを利用したスクワット
❸バランスパッドを利用した片脚スクワット

● サイド・ランジ

①その場に立つ。
②横に足を踏み出す。その際、身体がねじれないようにする。10回
そのまま横に歩いても良い。

## これで納得！図解で学ぶ基本の き

### STEP 5　現場復帰のための準備をする
より大きな力、衝撃、スピードに耐えられるようにしよう

#### ●器具を用いた下肢トレーニング
トレーニング器具を用いた種目も積極的実施する。

レッグプレス　　　　レッグエクステンション　　　　レッグカール

#### ●ジャンプオン with BOSUボール
① BOSUボールなどの不安定なものを用いる。
② 片脚もしくは両脚でジャンプして、ボールの上で着地する。その際、ひざがグラつかないように注意する。

#### ●ボックスジャンプ・オン・オフ
① 着地のできるボックスを用意する。
② ジャンプしてボックスの上に着地する。
③ ボックスから降りて着地する。その際、体幹がふらつかないこと、ひざがグラつかないことを意識する。

# II 部位別のスポーツ医学

## 21 女子バスケ選手に多い前十字靱帯損傷とは？
### ～前十字靱帯損傷～

　手術が必要なひざのケガで最も多いのが、膝前十字靱帯損傷です。ラグビーやアメリカンフットボールなどのコンタクトスポーツで起こることも多いのですが、実は、女子のバスケットボールやハンドボールで多く発生します。前十字靱帯損傷だけではなく、同時に内側側副靱帯や半月板も一緒に損傷することがあります。内側側副靱帯が完全に切れることは稀ですが、前十字靱帯は完全に切れてしまうことがよくあります。

### 前十字靱帯損傷は放置してはいけない

　**前十字靱帯損傷は、男子よりも女子の方が2～3倍も発生率が高く、バスケットボールなど方向転換した際に、自分の動きで損傷してしまうことが報告されています。特に、損傷する足が踵荷重になっていて、さらに爪先の方向よりもひざが少し内側に入った状態になったときに損傷します。**ひざの内側で「ポキッ！」「パキッ！」というような音がした、と訴える選手が多いようです。前十字は脛（すね）の骨が前にずれないように固定している靱帯ですので、損傷してしまうとひざがぐらぐらした感じになります。日常生活では問題なくても、ジャンプや着地動作でひざが〝ガクッ〟と崩れバランスがとれないため、思い切った動作ができなくなってしまいます。
　**前十字靱帯損傷は、自然に治ることはなく、放置するとひざの軟骨まで損傷してしまいます。そのため、痛みが少ないからといってそのままにしておくのではなく、早い段階で病院に行き診断を受け、対処することが大切です。**

### 【前十字靱帯を損傷するとどうなる？】

膝関節の中にある前十字靱帯は、動きの中でひざを固定する重要な靱帯です。この靱帯が切れてしまうと、ひざに安定感がなくなり、場合によっては、ひざが外れてしまうこともあります。

**前十字靱帯**
前十字靱帯は、すねの骨（脛骨）が前にずれないように固定している。

ひざが少し曲がり、内側に入るような姿勢は前十字靱帯にとって危険な姿勢なので、このような動作にならないよう注意しよう。

**前十字靱帯損傷**
前十字靱帯を損傷すると脛骨が前に動くようになり、着地動作などで、ひざ崩れを起こす。

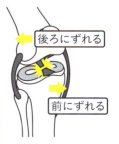

後ろにずれる
前にずれる

# これで納得！図解で学ぶ基本の き

## Q1 前十字靭帯はどんなときに損傷するの？

前十字靭帯を損傷するパターンには、以下の接触型と非接触型の2パターンがあります。

### 接触型損傷
ラグビーやアメリカンフットボールのタックルでひざの横から相手の力が加わったときに損傷。

【注意点】
相手をかわすためにステップをする際にも、自分のひざが内側に入らないように気を付ける。

> 爪先が外側を向いたままひざだけがターンしている

> かかとに体重がのった状態からひざを内側に入れてターンをすると危険。

### 非接触型損傷
バスケットボールやサッカーなどのターン時にひざが内側に入り損傷。

【注意点】
トレーニングなどのターン時に、ひざが入るくせがある人は、例えば、柔道の乱取中にもひざが入るくせが出るので注意する。サイドステップや着地動作でひざが内側に入っていないか確認する。

## Q2 前十字靭帯のゆるみを調べる方法はあるの？

前十字靭帯がゆるんでいるのかを調べる代表的な方法として、前方引き出しテストがあります。ただし、靭帯がゆるんでいるかどうかは自分で判断せず、必ず病院で診察を受けてください。

前十字靭帯のゆるさを調べるテスト
（前方引き出しテスト）

【方法】
①ひざを90°に曲げる。
②ハムストリングの力を完全に抜く。
③すねの骨を前方に引き出す。

> そのときにすねの骨がどれだけ前方に引き出されるかを反対のひざと比較して確かめる。

## Q3 前十字靭帯損傷を放置するとどうなるの？

前十字靭帯を損傷したことに気づかず、そのまま放置すると他の部分にも影響を及ぼし、より重症化する危険性があります。

前十字靭帯損傷 → 放置すると 最初は、腫れや痛み、動きにくさがある。徐々におさまってくるが… → 日常動作でひざが不安定 / 半月板にも負荷がかかる / 運動中にひざくずれが起きる / ひざの軟骨も削れ始める → 他の部分も痛めてしまう：前十字靭帯損傷 / 半月板損傷 / 変形性膝関節症

> 「痛みが治まった」「腫れがひいた」と安心せずに、しっかりと医師の診断を受けて対応することによって二次損傷を予防することができます。

# II 部位別のスポーツ医学 22

## 前十字靱帯損傷の再発予防のテーピング方法は？
〜前十字靱帯損傷のテーピング〜

**前十字靱帯損傷を再発しないためには、適切なトレーニングとひざの動きをサポートするテーピングが必要となります。** 前十字靱帯はすねの骨が前に出ないようにしている靱帯ですので、テーピングでその代わりをするように貼る必要があります。

### Q1 自分でテーピングをする簡単な方法は？

トレーニング時など、自分で簡単にテーピングをする方法です。すねの骨が前に移動しないようにテープで固定します。

【使用するテープ】
75mm伸縮テープ

① アンダーラップを下から上に巻き、上端と下端を留める。すねの前から斜め上に引っ張る。

② ひざの裏側を通って前で留める。

③ ①と同様に、次はすねの前から外側へ引っ張る。

④ ひざの裏を通って前で留める。

⑤ ひざの下からテーピングを後ろに強く引っ張る。

⑥ 両端を太ももの後ろに回して留める。

⑦ ⑤⑥の手順をもう一度繰り返す。

⑧ すねの下から斜め上に引き上げる。

⑨ そのままひざの後ろを通って、太ももの内側に持ってくる。

⑩ 太ももを1周して斜め下に引っ張る。

⑪ ひざの後ろを通って、すねの前に持ってくる。

⑫ ⑧〜⑪を1〜2回繰り返し、最後に上と下を留める。

## 図解で学ぶ基本の き

## Q2 前十字靭帯損傷再発予防の基本のテーピングは？

テーピングで、すねの骨が前に出ようとするのを押さえ、
ひざが内側に入るのを予防します。

【使用するテープ】
75mm伸縮テープ

① アンダーラップを下から上に巻き、上端と下端をテープで留める。

アンダーラップ

②

内側から見た写真／前から見た写真

すねの外側から斜め内側に引っ張り、太ももの前で留める。

③ 次にすねの内側からひざの裏を通って前で留める。

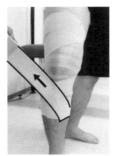

④

②〜④のテープは、ひざが回らないようにするため重要。

④'

ひざの後ろから見ると、テープがクロスに重なっている。

⑤ すねの外側から内側に引っ張る。すねの骨を押さえる重要なテープ。

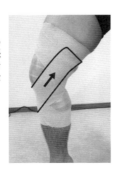

⑥ ⑤と同様に、すねの内側から外側に引っ張る。

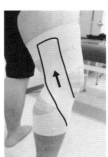

⑦
⑤⑥の手順を繰り返す。

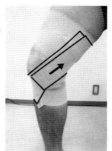

⑧
ひざが内側に入るのを予防するテープを貼る。

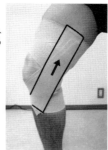

⑨
⑧のテープとクロスさせるように貼る。

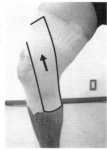

⑩
⑧⑨の真ん中を通るように貼る。

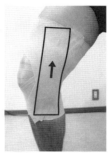

⑪
ひざの後ろからテープの両端を前に持ってくる。

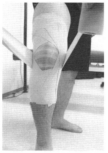

⑫
テープの真ん中を割く。

⑬
お皿のまわりに貼る。

⑭
上と下を留めて完成。

## II 部位別のスポーツ医学

# 23 前十字靱帯損傷予防のトレーニング方法は?
## ～前十字靱帯損傷予防トレーニング～

　前十字靱帯損傷を予防するためのトレーニングを意識的に実施することで、受傷の危険性を減らすことができます。もともと体の靱帯がゆるい人や女性は、前十字靱帯を損傷しやすい傾向にありますので、受傷しないための体の使い方を身につけ、それに必要な筋力をつける必要があります。そこで、特に中学生のうちに取り組んでほしい前十字靱帯損傷予防のためのトレーニングを紹介します。

### 前十字靱帯損傷を積極的に予防しよう!

　前十字靱帯損傷の場合、完全に切れてしまうと、再建手術といって、自分の体の別のところから代わりとなるような腱を持ってくる手術を行うことが一般的です。普通の生活には比較的早く戻ることができるのですが、競技に復帰となると、少なくとも半年以上、コンタクトスポーツの場合はそれ以上かかることがあります。あまり意識しなくても、前十字靱帯を損傷しないような動きを獲得している人がいるのですが、逆に前十字靱帯にとって少し危険な動きをしている選手もいます。

　「前十字靱帯を損傷しやすい人の特徴」に当てはまるような人は、ぜひ、積極的に予防トレーニングを実施しましょう。基本的な特徴については、変えることができない部分もありますが、「筋力・柔軟性などの要因」「姿勢・動作などの要因」については、早い段階から改善するように取り組みましょう。

### 【前十字靱帯損傷の再建手術】
自分の体の別のところから代わりとなるような腱を持ってくる

## 図解で学ぶ基本のき

### 前十字靭帯を損傷しやすい人の特徴

これまでたくさんの研究報告から、前十字靭帯を損傷しやすい人の特徴が明らかになってきました。
したがって、その特徴に当てはまらないようにトレーニングをすることが大切です。

| 基本的な特徴 | □女性＞男性　□肥満傾向　□14歳以上<br>□関節弛緩性が高い（靭帯がゆるい）<br>□軸足ではないほうの足（ボールの蹴り足）<br>□一度前十字靭帯を損傷したことがある |
|---|---|

**筋力・柔軟性などの要因**

ハムストリング（太ももの裏）

□ハムストリングの柔軟性が低い
　（床から90°以上上がらない）
□ハムストリングの筋力が弱い

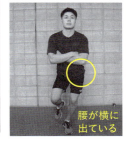
腰が横に出ている

□片脚で立ったときの股関節の筋力が弱い
　⇒腰を真っすぐ支えられない
□筋肉が疲労しやすく上半身を支えられない

**姿勢・動作などの要因**

ひざが内に入っている

□姿勢を安定する力が弱い
□着地をしたときにひざが内側に入りやすい

脚をつっぱって着地する傾向

□着地動作などのとき、
　股関節、ひざ、足首で衝撃を吸収しない

# Q1 筋力・柔軟性を向上させるトレーニング方法は？

### ハムストリングの柔軟性獲得

各部位1回につき30秒程度キープし、風呂上がりなどに週3回実施する。

片脚を前に出し足を持つ。
背筋をしっかり伸ばす。

片脚を上げ太ももを両手で胸に引きつける。

太ももの下で、フォームローラーをコロコロ転がし筋膜をゆるめる。

立った状態で床に手をつける。

爪先を立てた状態で足首を持つ。

足を高い位置にのせて爪先を持つ。

### ハムストリングの筋力獲得

それぞれ10秒キープして、2〜3回実施する。

●ヒップリフト

①ひざを立てて仰向けになる。
②肩甲骨をつけた状態で、背中・腰・ひざが一直線になるように固定する。

●ワンレッグヒップリフト

①ヒップリフトの開始姿勢から片脚を上げる。
②片脚を上げたまま、ヒップリフト同様に背中を伸ばす。

●レッグカール with バランスボール

①両足を揃えてかかとをバランスボールにのせる。
②ひざを曲げてバランスボールを手前に引き寄せる。

●ノルディック・ハムストリング

①パートナーに足を押さえてもらうか、何かで固定する。
②頭からひざまで一直線のまま前傾していく。

## Q2 前十字靭帯損傷を予防する姿勢・動作を身に付ける方法は？

動きながらでも、身体を真っすぐにしてひざが入らないように、常に注意して行おう。

### 姿勢を安定させる筋力の獲得

●プランク（20～30秒×3セット）

頭から足まで一直線になるように意識する。

●サイドプランク（20～30秒×3セット）

肘を肩の真下に置き、肩・股関節・足が一直線になるようにする。

●シングルレッグスクワット（片脚10回×2セット）

①壁で支えるかパートナーと肩を組む。
②ひざが内側に入らないように90°まで曲げる。

### 前十字靭帯予防の姿勢・動作の獲得

**トリプルフレクションを意識しよう！**

トリプル・フレクションとは股関節、ひざ、足首の関節のこと。衝撃を吸収するときには、この3つの関節が同時に曲がる必要がある。

●スクワット・トゥレイズ（30秒×2セット）

①ひざと爪先を真っすぐにしてしゃがむ。
②立ち上がりながら爪先を伸ばす。

●垂直ジャンプ（コート1往復）

①ひざと爪先を真っすぐにしてしゃがむ。
②着地時にひざが内側に入らないように連続ジャンプを行う。

●ウォーキングランジ（コート1往復）

①腰に手を当てて真っすぐ立つ。
②骨盤、上半身が垂直になるようにして歩く。

●ラテラルジャンプ（コート1往復）

①片脚で左右にジャンプしながら進む。
②着地時のひざの位置に注意しよう。

# II 部位別のスポーツ医学

## 24 ひざが何かに引っかかって伸びない！
### ～半月板損傷～

　歩いていたらひざの中で何かに引っかかって伸びなくなった、ひざの曲げ伸ばしをしたら急に伸ばせなくなった。このような症状がみられる場合、半月板を損傷している可能性があります。実は、この半月板損傷、ひざのケガの中で内側側副靱帯損傷の次に多いと言われているのです。ここでは、半月板損傷について説明したいと思います。

### ひざにとって大事な2枚の半月板！

　ひざにとって半月板は、とても大切な役割をしています。ひざの内側に一枚、外側に一枚あります。ひざを曲げ伸ばしする際に、骨がずれないためにレールのような役割をしています。また、大腿骨（太ももの骨）と脛骨（すねの骨）の間にあり、クッションのような役割もしています。

　半月板の損傷は、前十字靱帯の損傷と一緒に起こることが多いようです。半月板は、血流が乏しいので、一度損傷すると、自然に治る可能性は低いと言われています。そのため、ひざの靱帯を損傷した場合には、半月板にも異常がないか、医師に診てもらう必要があります。半月板が破れてしまうと、曲げ伸ばしをしたときに何かが引っかかっている感覚（キャッチング）や、急にひざが伸ばせなくなる（ロッキング）ような症状がみられます。

# これで納得！ 図解で学ぶ基本の き

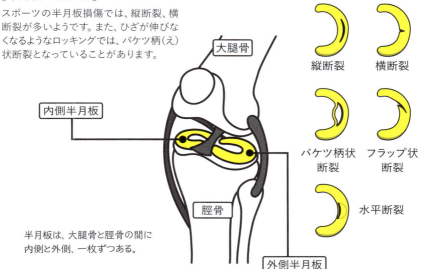

**【半月板の破れ方】**

スポーツの半月板損傷では、縦断裂、横断裂が多いようです。また、ひざが伸びなくなるようなロッキングでは、バケツ柄（え）状断裂となっていることがあります。

半月板は、大腿骨と脛骨の間に内側と外側、一枚ずつある。

## Q1 なぜ、半月板損傷は治りにくいの？

ケガの修復をするには、破れたところに血液が流れ栄養を与える必要があります。しかし、半月板は外側にしか血液が流れていないとされ、内側が破れると自然には治りにくくなります。

**血流がある部分** ➡

半月板の周囲の3分の1の部分にしか血流が流れていない。

| 医師の診断で手術した場合 | 破れた部分を縫った場合 | 競技復帰の平均 8.7カ月 | 破れた部分を取り除いた場合 | 競技復帰の平均 7〜9週間 |

＊どちらの方法もメリットとデメリットがあるので医師の話をよく聞きましょう。

これで納得！ 図解で学ぶ基本の **き**

# Q2 半月板損傷から復帰のためのトレーニングは？

まずは、医師とリハビリテーション専門の先生としっかり相談しながらトレーニングを実施しましょう。その上で、ひざのバランスを取り戻すトレーニングから徐々に始めましょう。

## 半月板を損傷しやすいひざが内側に入る姿勢にならないようにトレーニングしよう

●バランスを獲得するトレーニング

① BOSUボールにのり、親指の付け根に体重をのせる。
② ひざを伸ばしたまま、ひざが内側に入らないようキープする。

① BOSUボールにのり、親指の付け根に体重をのせる。
② ひざを曲げた状態で、ひざが内側に入らないようキープする。

① BOSUボールを裏返す。
② ひざが内側に入らないようにキープする。

① 頭が左右にぶれないようにBOSUボールを左右に動かす。
② 徐々に動かす速さを上げていく。

●ひざが内側に入らないようにするトレーニング

① ミニバンドをひざの上に巻く。
② ミニバンドを外に広げながらスクワットをする。

●太ももの内側の筋肉を意識したトレーニング

① 太ももの内側にボールをはさむ。
② ボールを落とさないように力を入れたままスクワットをする。

① ミニバンドをひざの上に巻きバランスディスクの上にのる。
② ミニバンドを広げながらスクワットをする。

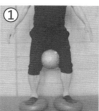

① 太ももの内側にボールをはさみバランスディスクの上にのる。
② ボールを落とさないようにバランスをとりながらスクワットをする。

# II 部位別のスポーツ医学

## 25 ひざの下の出っ張りが痛い！
### 〜オスグッド・シュラッター病〜

ひざのお皿の下あたりの骨が飛び出ていて、ひざを深く曲げると激痛がはしる。正座をするときにも、かなり痛い。これは、オスグッド・シュラッター病といい、ちょうど10〜14歳頃の成長期に起こることが多いスポーツ障害の一つです。ここでは、オスグッド・シュラッター病について説明したいと思います。

### 成長期には体が硬くなる！

小学生のときに、あれだけ体が柔らかかったのに、中学生になる頃には、立ったまま体を前に倒しても、手が床に着かない。1年間に10cm近く伸びる身長（骨）に対して、それにつながっている筋肉は同じスピードで伸びてくれません。そのために、常に筋肉がゴムのように引っ張られている状態となっているので、何度も強い力が加わると、筋肉の付着部分の骨に炎症を起こします。

==ジャンプやひざの深い曲げ伸ばしを繰り返すことで、ひざの下の部分の骨に炎症が生じたものを、オスグッド・シュラッター病（以降オスグッド）といいます。オスグッドを予防するためには、定期的にストレッチを行って、筋肉を柔らかくすることが大切です。体の柔軟性を高めることは、他のケガの予防にもつながりますので、積極的に行いましょう。==

【どうしてオスグッド・シュラッター病になるの？】
成長期は、骨の伸びに対して筋肉の伸びがついていきません。そのため、筋肉がゴムのように引っ張られ、付着部分に大きな負担が生じます。

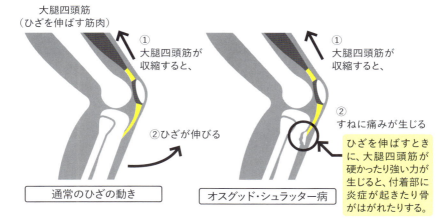

# 図解で学ぶ基本の き

## Q1 オスグッドの危険性をチェックする方法は？

成長期は、全身の筋肉が緊張した状態になります。大腿四頭筋の筋肉が硬くなるとオスグッドの危険性が高まるので、常に筋の柔軟性を確認しておきましょう。

うつ伏せになりひざを曲げる。

踵をお尻につけるように押してもらう。

**柔軟性が高い場合** → 踵に強い張りがなく、スムーズにお尻にくっつく、もしくは近づく。

**柔軟性が乏しい場合** → **尻上がり現象** 大腿四頭筋が硬いため、骨盤が引っ張られてお尻が浮き上がる。

## Q2 成長期に控えておいたほうがよい動きは？

成長期には、ひざを深く曲げたり、強い衝撃が加わる運動によって、オスグッドの危険性が高まります。骨がしっかり成長するまでは、以下のような過度な運動は控えましょう。

**うさぎ跳び**
成長期のひざにとって深くひざを曲げ、ジャンプする動作は、オスグッドの危険性が高まる。

**アヒル歩き**
股関節などの柔軟性を高める目的で行うのは良いが、過度なトレーニングでは、痛みが出やすい。

**ひざが前に出るスクワット**
バーベルをもって、ひざが前に出るようなスクワットでは、ひざに負担がかかりやすい。

**フルスクワット**
バーベルをもって、完全にしゃがみ込むフルスクワットは、ひざに負担がかかる。

# Q3 オスグッドを予防するためには?

運動後に、ひざの下に痛みがある場合には、アイシングが効果的です。また、日常的に大腿四頭筋、ハムストリングのストレッチをしっかりと行いましょう。テーピングも有効です。

## オスグッド予防のストレッチ

週に3回、お風呂上がりに1種目につき30～40秒実施しましょう。

### 大腿四頭筋

脚を曲げて、太ももの前を伸ばす。

脚を前後に広げ、後ろの脚をもって背中を反らす。

台にひざをのせて太ももの前を伸ばす。

### ハムストリング

片脚を曲げ爪先を持つ。

両脚を伸ばし爪先を持つ。

台に脚をのせて太ももの裏を伸ばす

## オスグッド予防のテーピング

①50mmのキネシオテープを用意する。

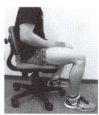
②ひざが90°になるよう椅子に座る。

③骨が出ているところが真ん中になるようにテープを引っ張りながら貼る。

④最初のテープに半分重なるように、引っ張って貼る。

# II 部位別のスポーツ医学

## 26 すねの痛みはそのままにしていてもいいの？
～シンスプリント～

ランニング中に、脛（すね）の内側に痛みがあり、押してみると骨に沿って痛みがある。練習ができないというほど痛くないのでそのままにしておくと、日常生活で歩くだけでも痛みが増してくる。このような症状は、多くの場合、シンスプリントというスポーツ障害が疑われます。放置しておいてもいいのか、どうすれば痛みはなくなるのか、などいろいろと不安になってきます。そこで、ここではシンスプリントについて説明したいと思います。

### すねの内側が痛くて走れない！

シンスプリントは、ランニングや繰り返されるスプリント走で生じる、すねの内側の痛み全般を指す名称です。過労性脛部痛（かろうせいけいぶつう）とも呼ばれています。特に、体重の重い選手やひざがO脚の人、ふくらはぎの柔軟性が乏しい人などが、強度の高いランニングやダッシュをトレーニングとして始めたときに生じることが多いようです。学校では新入生が入部して、朝トレなどが始まり、強度が増してくる6月頃までに多く発生すると言われています。

痛みが強い場合には、ランニングを中止し、エアロバイク（自転車）や水泳などで、持久的な能力を補い、ふくらはぎに負担をかけないようにします。また、ふくらはぎの十分なストレッチ、痛みのある部分へのアイシングも効果的です。

### 【シンスプリントの痛みの部位】

シンスプリントは、脛骨の下側3分の1の部分で骨に沿って痛みを感じます。
この部分に痛みを感じたら、シンスプリントを疑いましょう。

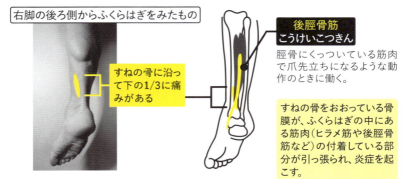

右脚の後ろ側からふくらはぎをみたもの

すねの骨に沿って下の1/3に痛みがある

後脛骨筋
こうけいこつきん

脛骨にくっついている筋肉で爪先立ちになるような動作のときに働く。

すねの骨をおおっている骨膜が、ふくらはぎの中にある筋肉（ヒラメ筋や後脛骨筋など）の付着している部分が引っ張られ、炎症を起こす。

# これで納得！図解で学ぶ基本の き

## Q1 シンスプリントの重症度は？

シンスプリントは、最初のうちは運動をすると痛みが軽減するので、放置しがちですが、そのままにしておくと痛みが強くなってきますので、早い段階からケアを心がけましょう！

重症度 ↓

- **ステージ1** 痛みはあるがウォームアップで痛みがなくなる
- **ステージ2** ウォームアップにより痛みがなくなるが練習の終わり頃で痛くなってくる。
- **ステージ3** 日常生活には問題ないが、練習中は痛い。
- **ステージ4** 痛みがいつもあり、日常生活にも支障がある

## Q2 シンスプリントに対するケアの方法は？

運動後は、アイシングで炎症を抑えることが大切です。その上で、ふくらはぎの筋肉の柔軟性を高め、足底の筋、ヒラメ筋の筋力も強化していきましょう。

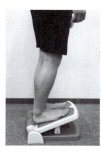

**ふくらはぎのストレッチ❶**
ストレッチボードの上で、ひざを伸ばして立つ。ひざを伸ばすことで、ふくらはぎの腓腹筋（ひふくきん）が伸ばされる。

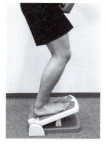

**ふくらはぎのストレッチ❷**
ストレッチボードの上で、ひざを曲げたまま立つ。ひざを曲げると、ふくらはぎの奥にあるヒラメ筋、後脛骨筋が伸ばされる。

**足底の筋力強化**
床の上にタオルを敷き、タオルの先端に重りを置く。足の指でたぐり寄せることで、足底の筋を強化する。

**ヒラメ筋・後脛骨筋の強化**
ひざを曲げたまま、踵の上げ下げをし、ヒラメ筋の強化を行う。20回×3セット

# Q3 シンスプリントに対するテーピング法は？

すねの骨と筋肉の付着部が引っ張られないように、キネシオテープを使ってサポートします。

【使用するテープ】
50mmのキネシオテープ

①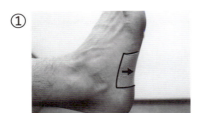
足の外側から貼る。

②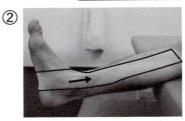
骨と筋肉の境目を中央にして貼っていく。

③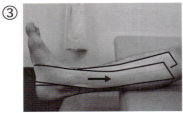
①と同様に足の外側からふくらはぎ内側に向かって貼る。

④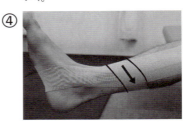
短くテープを切って、斜め上に向かって貼る。

⑤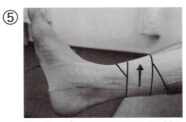
④のテープにクロスになるように斜め上に向かって貼る。

⑥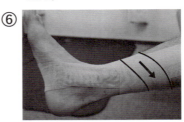
④のテープの3分の2が重なるように貼っていく。

⑦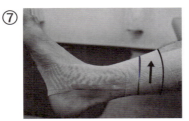
⑤のテープの3分の2が重なるように貼っていく。

⑧
ハンディカットの伸縮テープで下から上に向かって巻く。

# II 部位別のスポーツ医学

## 27 足首を固定する方法は？
### ～足関節内反捻挫予防テーピング～

　足首の捻挫は、どの競技スポーツにおいても多く発生するケガの一つです。重症の場合、しっかりとした治療とリハビリテーションを行わないと、何度も受傷することも考えられますので十分に注意が必要です。また、競技復帰後もテーピングやバンデージで固定しつつも、足関節周囲の筋力トレーニングも必要となります。ここでは、足関節の内反捻挫について説明したいと思います。

### 練習の後半は特に注意！

　**足首の外側の靭帯を痛める捻挫を足関節内反（ないはん）捻挫と言います。時間が経ってくると、足首だけではなく、足の甲の部分にまで腫れがみられることがあります。受傷直後は、RICE処置（安静・冷却・圧迫・挙上）を行い、できるだけ炎症をおさえることが重要です。**

　受傷後、長期間、安静や固定などをしていると、足首の柔軟性が損なわれることがあります。足首が十分に曲がらないと、ひざや腰など別の部位で可動域を補うことになり、それらの部位に負担がかかることも考えられるます。**医師やトレーナーなどの指示に従い、受傷後早い段階から柔軟性を獲得するように心がけましょう。**また、受傷後のリハビリテーションでは、足関節周囲の筋力トレーニングだけではなく、バランスディスクなどを用いて足首を固定する感覚を取り戻すことも大切です。

### 【足関節内反捻挫で痛める靭帯】

内反捻挫では、前距腓靭帯を損傷することが多いようです。受傷直後は、この部分を中心に圧迫、冷却を行いましょう。

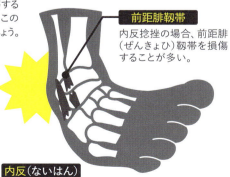

**前距腓靭帯**
内反捻挫の場合、前距腓（ぜんきょひ）靭帯を損傷することが多い。

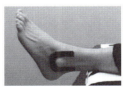

このように、前距腓靭帯をU字に切ったパッドを当てて圧迫すると効果的。

**内反（ないはん）**
無理な力が加わって、足首が内側に向かって曲がること。

# これで納得！図解で学ぶ基本の

## Q1 足関節内反捻挫へのテーピング法は？

足首が内側に曲がらないように、しっかりと外側に
引っ張りながら貼っていきましょう。

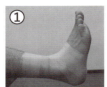

① アンダーラップを足部からふくらはぎに向かって貼る。

② 足部とふくらはぎにテープを貼る。

③ 足の内側から外側に向かって引っ張りながら貼る。

しっかりと足首が固定されるように引っ張って貼る。

④ ③と同様に2/3程度重なるように貼っていく。

⑤ ③④と同様に3本目のテープを貼っていく。

⑥ すねの上を留める。足の外側から踵を覆うように貼る。

外側から引っ張ってきたテープを内側で留める。

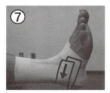

⑦ ⑥のテープに2/3程度重ねて上に貼る。

⑧ ⑦のテープを上まで貼っていく。

足首を通過したら、すね全体を覆うように貼る。

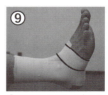

⑨ ②で巻いたテープの上から再度巻いてテープの端を留める。

⑩ すねの前から始め、足の裏を通り、引っ張りながら貼る。

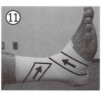

⑪ すねを1周して前で留めて完成。

【使用するテープ】
● アンダーラップ
● 38mmのホワイトテープ

**ヒールロックの巻き方**

踵の動きを制限して、さらにしっかりと固定したい場合には伸縮テープを用いて踵を固定するテーピングを行う。

【使用するテープ】 50mmの伸縮テープ

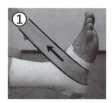
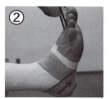
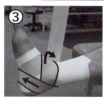
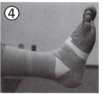

① 足の甲から始め、足部を1周巻いて引っ張る。

② アキレス腱側を通って、踵を覆い、内側に引っ張る。

③ ②から引き上げたテープを足首前面を通ってアキレス腱側に回し、そこから土踏まずに向かって踵を覆う。

④ そのまま、すねの前で留めるか、すねの部分を巻き上げてもよい。

## Q2 内反捻挫の再発予防のためのバンデージの巻き方は？

バンデージでの固定は伝統的な方法ですが、その効果は先行研究でも認められています。

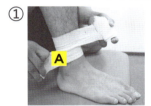
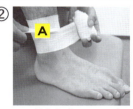
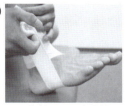

① Aの部分を持ち、すねの前から始める。

② Aの部分を残し、バンデージを下に持ってくる。

③ 足の内側から足底を通り、外側に引っ張り上げる。

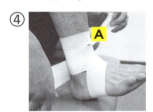
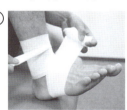
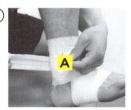

④ 足の甲を通り、アキレス腱側に回す。

⑤ ③と同様に引っ張り上げ④のようにアキレス腱側に回す。

⑥ ③④の手順を繰り返し、最後の端をAと結ぶ。

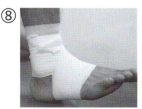

⑦ 最後の端とAを結んだ状態。

⑧ 結び目をテープで留めて完成。

# 参考文献

## CHAPTER I

【01】Q1)(公財)スポーツ安全協会:種目別事故発生状況. スポーツ安全協会要覧2020-2021,8,2020.
【05】Q1) Milewski, et. al. :Chronic lack of sleep is associated with increased sports injuries in adolescentathletes. J Pediatr Orth op.34(2):129-33,2014.
　　　Q2) Cheri D Mah, et.al. :The Effects of Sleep Extension on the Athletic Performance of Collegiate Basketball Players. Sleep;34(7), 934-950,2011.
【06】Q1) Nieman DC: Exercise, upper respiratory tract infection, and the immune system. Med. Sci. Sports Exerc.26:128-139,1994.
　　　Q2) Gleeson M, et al. :Exercise, nutrition and immune function. J Sports Sci. 22(1):115-25,2004.
【07】Johnson JM, et. al.: Local thermal control of the human cutaneous circulation. J Appl Physiol, 109 :1229-1238,2010.
　　　Q1) Racinais S, et.al.: Temperature and neuromuscular function. Scand J Med Sci Sports,20:1-18,20,2010.
　　　Q2) Takahashi H, et.al. :Warming-up under cold environment. Ann Physiol Anthropol:11(5):507-16,1992.
【08】Q1) Behm DG, et. al.: A review of the acute effects of static and dynamic stretching on performance. Eur J Appl Physiol. 111(11):2633-51,2011.
　　　Q2) Kay AD, et.al.: Effect of acute static stretch on maximal muscle performance; a systematic review. Med Sci Sports Exerc 44:154-64,2012.
　　　Q3) Nakano J, et. al. :The effect of heat applied with stretch to increase range of motion: a systematic review. Phys Ther Sport.3:180-8,2012.
【09】Q1) Behm DG, et al.: A review of the acute effects of static and dynamic stretching on performance. Eur J Appl Physiol. 111(11):2633-51,2011.
　　　Q3) Amiri-Khorasani M. et.al Acute Effect of Different Combined Stretching Methods on Acceleration and Speed in Soccer Players. J Hum Kinet. 1(50):179–186,2016.
【10】Q1) KAY, AD, et.al.: Effects of Contract–Relax, Static Stretching, and Isometric Contractions on Muscle–Tendon Mechanics. Med Sci Sport Exerc. 47:2181–2190,2015.
　　　Q2) Marcos A Sá et.al.: Acute Effects of Different Methods of Stretching and Specific Warm-ups on Muscle Architecture and Strength Performance. J Strength Cond Res 30:2324–2329,2016.
　　　Q3) Yuktasir B. and Kaya F: Investigation into the long-term effects of static and PNF stretching exercises on range of motion and jump performance. J Bodyw Mov Ther 13:11-21,2009.
【11】Q1) Nosaka et.al.: Muscle damage in resistance training: Is muscle damage necessary for strength gain and muscle hypertrophy? Int J Sports Health Sci 1(1):1-8,2009.
　　　Q2) Dupuy O, et.al.: An Evidence-Based Approach for Choosing Post-exercise Recovery Techniques to Reduce Markers of Muscle Damage, Soreness, Fatigue, and Inflammation: A Systematic Review With Meta-Analysis. Front Physiol. 26:9:403,2018.
　　　Q3) Rahimi MH, et.al.: Branched-chain amino acid supplementation and exercise-induced muscle damage in exercise recovery: A meta-analysis of randomized clinical trials. Nutrition. 42:30-36,2017.
【12】Q1)(公財)日本スポーツ協会:熱中症予防ガイドブック(第5版)p49, 2019.
【18】Q1) Health Management for Female Athletes Ver.3 p26-27, 2018.
【19】Q1) Pöchmüller M., et. ai. :A systematic review and meta-analysis of carbohydrate benefits associated with randomized controlled competition-based performance trials. J Int Soc Sports Nutr.11;13:27,2016.
　　　Q3) Terada S,et.al. :Effects of high-intensity swimming training on GLUT-4 and glucose transport activity in rat skeletal muscle.J Appl Physiol. 90(6):2019-24,2001.
　　　Q4) Saltin, B.,et.al. : Muscle glycogen utilization during work of different intensities. Muscle Metabolism during Exercise. 289-299,1971.
　　　Q5) Ivy JL et.al.: Muscle glycogen synthesis after exercise: effect of time of carbohydrate ingestion.J Appl Physiol.64(4):1480-5,1988.
　　　Q6) Ahuja V et.al.: Comparison of HOMA-IR, HOMA-$\beta$% and disposition index between US white men and Japanese men in Japan: the ERA JUMP study. Diabetologia.58(2):265-71,2015.
　　　Q8-1) Bergström J,1et.al.: Diet, muscle glycogen and physical performance. Acta Physiol Scand.71(2):140-50,1967.
　　　Q8-2) Sherman WM, Costill DL, Fink WJ, Miller JM.: Effect of exercise-diet manipulation on muscle glycogen and its subsequent utilization during performance. Int J Sports Med. 2(2):114-8,1981.
　　　Q8-3) Bussau VA.at.al.: Carbohydrate loading in human muscle: an improved 1 day protocol. Eur J Appl Physiol.87(3):290-5,2002.

## CHAPTER II

【01】Orden J.A.: Skeletal Injury in the Child. Lea & Febiger, Philadelphia.1982.
【02】Wasserman EB.: Epidemiology of Sports-Related Concussions in National Collegiate Athletic Association Athletes From 2009-2010 to 2013-2014: Symptom Prevalence, Symptom Resolution Time, and Return-to-Play Time.Am J Sports Med.44(1):226-33,2016.
　　　Q1-1) Guskiewicz KM,et.al.: Cumulative effects associated with recurrent concussion in collegiate football players: the NCAA Concussion Study.JAMA. 2003 Nov 19;290(19):2549-55.
　　　Q1-2) McCrory P and Davis G.: Paediatric sport related concussion pilot study. Br J Sports Med. 39(2):116,2005.
　　　Q1-3) Saunders RL and Harbaugh RE. The second impact in catastrophic contact–sports head trauma. JAMA.252:538–5391984.
【24】Q1) Arnoczky, SP et. al.: Microvasculature of the human meniscus. Am J Sports Med 10:90-95,1982.

## おわりに

　人生を巻き戻せるなら、10代に戻ってあの頃の私自身にこの本を差し出してあげたい……。実は、私も一流選手を目指して競技に打ち込んでいましたが、スポーツ医学の知識もほとんどない状況で紆余曲折のスポーツ人生でした。

　膝の内側側副靱帯を損傷した回数は、記憶を辿っても正確に言えないくらい数知れず。脚全体をギプス固定し、数週間の松葉杖生活を余儀なくされたこともあります。ようやくギプスを外した後に、筋肉が落ちてしまった太ももを見て愕然とし、早く復帰するためにはどうすればいいか頭を抱えるという悲しい結末。

　まわりにスポーツに特化したリハビリテーションもなく、歯がゆい思いを幾度となく経験してきました。もちろん、時代も時代で、中高生が読めるようなトレーニング科学やスポーツ医学の専門書なんて世の中に存在しないし、今みたいに困った質問にAIが何でも回答してくれるような便利なインターネット環境も整っていません。そもそも部活動の現場は、まさに「スポ根」が主流で、練習中に水分補給するなんてご法度、神社で腕立て伏せを1000回やったこともありました。

　当時の指導者の方々の知識が今と比べて乏しかったというよりは、スポーツ医科学という考え方がまだ日本に浸透していなかった、というのが本当のところだと思います。

　あれから30年以上の月日が経ちました。しかし、今もあの頃と同じような悩みを抱えている人に出会います。小学校の卒業文集に将来の夢は「スポーツ選手」と書いたのに、ケガで泣く泣くあきらめたという人に出会います。このような悲しい出会いを減らすためにこの本を書きました。

　競技スポーツに携わり、高みを目指せば目指すほどケガの危険性は高まるのはやむを得ない。おそらく、これからもスポーツでケガをゼロにすることは難しいのだと思います。でも、これだけは確信を持って言えます。「スポーツ医学の知識があれば、不幸なケガを減らすことはできる」と。

　自分の子どもが夢を追ってがむしゃらに練習する姿を応援しない親はいません。自分が指導する選手がケガをして大会で負けて悔し涙を流しているのを見て何も思わない指導者もいません。選手も親も指導者も、みんな本気で一生懸命努力しています。

　本書がスポーツに関わるすべての人々の幸せに貢献できますように。

　子どもたちがベストな環境でキラキラした未来に向けて全力疾走できますように。

　そして、不幸なケガが一つでもなくなる世の中になることを祈っています。

令和6年11月　　曽我部晋哉

**曽我部 晋哉**
Sogabe Akitoshi

そがべ・あきとし　1972年2月生まれ。滋賀県出身。甲南大学教授。筑波大学大学院博士課程人間総合科学研究科修了。博士（スポーツ医学）。JSPO公認アスレティックトレーナー、JATI認定特別上級トレーニング指導者、講道館柔道七段など。Kansas University(08-09米)、Edith Cowan University(13,豪)、University of Physical Education in Krakow（14、波）、University of Westerr Australia(15,豪)、Fort Lewis College(17,18米)客員研究員を経て、現職。全日本女子柔道代表チームストレングスコーチ(05-12北京・ロンドン五輪)、ロンドンオリンピック女子柔道代表チーム総務／ストレングスコーチなどを務める。アスレティックトレーナー兵庫県協議会代表(20-)、アメリカスポーツ医学会、日本臨床スポーツ医学会、日本体力医学会、日本発育発達学会などに所属。スポーツ功労者顕彰(10,12文科省)、国際競技大会優秀者等表彰（12,文科省）など。主な著書に『下肢トレーニングの科学』(07,不昧堂出版)、『中学・高校生のための柔道のやさしいトレーニング科学』(19,ベースボール・マガジン社)など。

本書で紹介しているテーピングの方法を動画でチェック！

STAFF
デザイン：泉 かほり（オンデザイン）
イラスト：山田奈穂
編集協力：光成耕司
編　集：藤森邦晃

## 中高生のためのやさしいスポーツ医学ハンドブック
曽我部晋哉

発行日　2024年11月27日　初版第1刷発行

著　者　曽我部晋哉
発行人　片村昇一
発行所　株式会社日本写真企画
　　　　〒104-0032 東京都中央区八丁堀4-10-8 第3SSビル601
　　　　TEL 03-3551-2643　FAX 03-3551-2370
印刷・製本　シナノ印刷株式会社
本書の無断転載、複写、引用は著作権法上の例外を除き、禁じられています。
落丁・乱丁の場合はお取り替え致します。

Printed in Japan　ISBN978-4-86562-198-3 C0075 ¥1500E
©Sogabe Akitoshi